# Spanish for Business

## Beginning

**Juan Kattán-Ibarra**

**Tim Connell**

# EMC Publishing

Distributed by:
Marvin Melnyk Associates Ltd.
Queenston, Ont. L0S 1L0

ISBN 0–8219–0140–0
© 1985 by EMC Corporation
© Text Juan Kattán-Ibarra and Tim Connell 1984
© Illustrations ST(P) Ltd 1984

First published in 1984 as *Working with Spanish* by
Stanley Thornes (Publishers) Ltd

Published by
EMC Publishing
300 York Avenue
St. Paul, Minnesota 55101

# ACKNOWLEDGEMENTS

The authors wish to express their gratitude to the following for source material:

*Cambio 16, Shell International Petroleum Co Ltd, Tópicos (Maraven).*

Every effort has been made to trace copyright holders for material used in this book. However, in one or two cases this has not been possible; the publishers would be pleased to hear from anyone claiming copyright for such material, and to make the necessary arrangements.

Thanks are also due to Shell International Petroleum Co Ltd for permission to reproduce photographs on pages 2, 6, 12, 18, 28, 39, 69, 73, 74, 75, 76, 100, 117, 119, 122, 128, 134, 139.

# INTRODUCTION

This innovative beginning-level textbook is designed for students and professionals who wish to learn and use business Spanish. It features a situational approach that will help learners develop communicative competence by involving them – from the very first unit – in the excitement of authentic, real-life situations. Cleanly-formatted and concisely written, *Spanish for Business* presents the essentials of modern commercial Spanish through the medium of situations, transactions, business forms and correspondence of types commonly found in the Hispanic business world. Examples of practical themes that will satisfy student needs and hold interest are currency exchange, travel and accommodations, job interviews, telephone etiquette, and descriptions of one's own work activities, to name a few.

The text offers a striking variety of unconventional but pedagogically sound exercises aimed at stimulating authentic *use* of business Spanish – as opposed to mere study of *usage*. These original learning activities afford students chances to speak, hear, read and write the language, as well as to develop specific skills such as letter-writing, translating and summarizing.

Business and grammatical themes are carefully articulated in *Spanish for Business*; the amount of grammar presented is rigorously controlled, but without giving the textbook a "simplified" aspect. The grammar presented is logically sequenced, with the structures introduced listed at the end of each unit to summarize what has been covered. The authors' expert knowledge of Hispanic culture, everyday life in Spain and Latin America, and the Hispanic business world is manifest in the wealth of information presented in the context of up-to-date, on-location photographs, as well as fascinating drawings, maps, charts, commercial forms and letters.

The vocabulary presented consists of basic words actively used in everyday communication, as well as more specialized terminology to familiarize students with the lexicon they will need when they find themselves "working in Spanish."

The accompanying audio cassettes contain dialogues and challenging comprehension exercises recorded at normal conversational speed by native speakers of both Peninsular and American Spanish. Transcripts of listening comprehension exercises and other materials not found in full in the textbook are included in the *Teacher's Guide*.

# CONTENTS

# Unidad 1

# SOY DE MADRID

## Dialogue

At a business conference, Carlos García, a Spanish business executive, meets Angela Rodríguez, manager of a travel agency.

| | |
|---|---|
| *Señor García* | (*Approaching señora Rodríguez*) Buenas tardes. ¿Es usted la señora Rodríguez? |
| *Señora Rodríguez* | Sí, soy yo. |
| *Señor García* | Yo soy Carlos García. |
| *Señora Rodríguez* | Usted es el gerente de Comercial Hispana, ¿verdad? |
| *Señor García* | Exactamente. |
| *Señora Rodríguez* | Mucho gusto. |
| *Señor García* | Encantado. |

1

## Practice

**1**  Study this personal information:

Mi nombre es Angela
Rodríguez.
Soy española.
Soy de Valladolid.
Soy la gerente de Turismo
Iberia en Madrid.

Me llamo Carlos García.
Soy español.
Soy de Madrid.
Soy el gerente de Comercial
Hispana.

Now give similar information about yourself.
Choose from the appropriate information below.

Me llamo (*name*)   or   Mi nombre es (*name*).
Soy   (*norteamericano/norteamericana; inglés/inglesa; alemán/alemana; francés/francesa*, etc.).
Soy de (*Nueva York; Londres; Hamburgo; París*, etc.).
Soy (*estudiante; empleado o empleada de . . . ; gerente de . . .*).

**2**  Get together with another student and practice this situation. You are attending a conference in a Spanish-speaking country and suddenly you see somebody you are vaguely familiar with. Introduce yourself.

| | |
|---|---|
| *Usted* | Buenos días. ¿Es usted (*name*)? |
| *El o Ella* | Pues sí, soy yo. |
| *Usted* | Yo soy (*your name*). |
| *El o Ella* | (*Recognizing you*) Ah sí, mucho gusto. |
| *Usted* | Encantado(a). |

Now practice the same situation with your teacher or other members of the class. Use the appropriate greeting: buenos días, buenas tardes or buenas noches.

**3**  Study these conversations:

(a)  *Pregunta*      ¿Cómo se llama usted?
  *Respuesta*   Me llamo Antonio Morales.
  *Pregunta*      ¿Es usted español?
  *Respuesta*   No, no soy español. Soy mexicano.
  *Pregunta*      ¿Es usted de la Ciudad de México?
  *Respuesta*   No, soy de Veracruz.

(b)  *Pregunta*      ¿Cuál es su nombre, por favor?
  *Respuesta*   Mi nombre es María González.
  *Pregunta*      ¿Su nacionalidad?
  *Respuesta*   Soy venezolana.
  *Pregunta*      ¿De Caracas?
  *Respuesta*   Sí, soy de Caracas.
  *Pregunta*      ¿Cuál es su profesión?
  *Respuesta*   Soy secretaria bilingüe.

Now complete this dialogue by asking the appropriate questions.

*Pregunta*        ..................................................
*Respuesta*    Me llamo Laura Valdés.
*Pregunta*        ..................................................
*Respuesta*    No, no soy española. Soy argentina.
*Pregunta*        ..................................................
*Respuesta*    Sí, soy de Buenos Aires.
*Pregunta*        ..................................................
*Respuesta*    Soy empleada de banco.

Now answer these questions about yourself.

(a)  ¿Cómo se llama usted?
(b)  ¿Cuál es su nacionalidad?
(c)  ¿Cuál es su profesión? (¿su ocupación?).

Get together with another student and ask and answer in a similar way.

4

**4** Your company has advertised a job for which a Spanish speaker is required. Study this information sent by one of the applicants and answer the questions which follow.

| | |
|---|---|
| Nombre | María Teresa |
| Apellidos | Morales Ugarte |
| Nacionalidad | española |
| Ciudad y país de origen | Burgos, España |
| Profesión o actividad | economista |

(a) What is the applicant's first name?

(b) What is her last name?

(c) What is her nationality?

(d) What country and city is she from?

(e) What is her profession?

**5** You are working in a Spanish-speaking country and you need to apply for a work permit. This is part of a form you have to complete.

You may need some of these words:

(a) Estados Unidos; Inglaterra; Canadá; Australia, etc.
(b) Norteamericano(a); inglés (inglesa); canadiense; australiano(a).

| | |
|---|---|
| Nombre | .................................... |
| Apellidos | .................................... |
| Nacionalidad | .................................... |
| Ciudad y país de origen | .................................... |
| Profesión o actividad | .................................... |

**6** Study these letter headings:

(a)
| **Srta. Isabel Castro Salas** |
| *Jefe de Publicidad* |
| Viajes Maya |
| Calle Benito Juárez, 26 |
| Acapulco (México) |

(d)
| **Sr. Mario Andrade P.** |
| *Jefe de Ventas* |
| Importadora Cataluña |
| Calle Reina Isabel, 48 |
| Tarragona (España) |

(b)
| **Sra. Carmen Lazo de Ríos** |
| *Directora de Personal* |
| Editorial Levante |
| Avenida del Mar, 636 |
| Valencia-3 (España) |

(e)
| **Sra. Ana Farías** |
| *Jefe de Compras* |
| Almacenes Sancho |
| Plaza Sucre, 93 |
| La Paz (Bolivia) |

(c)
| **Sr. Ignacio Román A.** |
| *Director Gerente* |
| Agroquímica del Pacífico, S.A. |
| Calle Santa Marta, 1051 |
| Santiago (Chile) |

(f)
| **Srta. María Labarca** |
| *Contable* |
| Radio Bolívar |
| Avenida Simón Bolívar, 144 |
| Caracas (Venezuela) |

Now ask and answer like this:

(a) ¿Quién es Isabel Castro Salas?
Es la Jefe de Publicidad de Viajes Maya en Acapulco.

(b) ¿Quién es la Jefe de Publicidad de Viajes Maya?
Es la señorita Isabel Castro Salas.

Continue in the same way.

**7** Study the tables below:

| (Yo) | soy | cubano<br>de Cuba<br>de la Habana<br>traductor |
|---|---|---|

| (El) | es | peruano<br>del Perú<br>de Lima<br>ingeniero |
|---|---|---|

| (Ella) | es | boliviana<br>de Bolivia<br>de La Paz<br>intérprete |
|---|---|---|

Now make complete sentences like these:

(Yo) soy cubano.
(El) es peruano.
(Ella) es boliviana.

Continue in the same way.

**8** Reading

Study this information about Pedro Toledo, representative of a Mexican firm:

Me llamo Pedro Toledo. Soy de México, de la ciudad de Monterrey. Soy representante de una compañía de productos químicos. La compañía se llama México Química. Es una compañía mixta, con capital mexicano y norteamericano. El director general de la empresa es el señor Roberto Milla. El señor Milla también es mexicano.

**Answer these questions in Spanish:**

(a)  ¿Quién es Pedro Toledo?
(b)  ¿Cuál es su nacionalidad?
(c)  ¿Es de la Ciudad de México?
(d)  ¿Cómo se llama la compañía?
(e)  ¿Quién es el director general?
(f)  ¿Es norteamericano el director general?

## Listening comprehension

Patricia Martin is working for a company in Spain. Today she is renewing her residence permit. Listen to the conversation between her and a Spanish official and then complete the following questions:

**1  Answer these questions in English:**

(a)  What is Patricia's nationality?
(b)  What is her occupation?
(c)  What sort of company does she work for?
(d)  In what part of Spain does she work?
(e)  What is the name of the company?

**2** Complete this form in Spanish with information about Patricia.

Nombre ...........................................

Apellidos ...........................................

Nacionalidad ...........................................

Profesión o actividad ...........................................

## Reading comprehension

España ocupa la mayor parte de la Península Ibérica. La capital de España es Madrid. Madrid es una ciudad industrial y comercial y es el centro político y administrativo de España. Su población es de cuatro millones de habitantes aproximadamente.

El idioma nacional de España es el español o castellano. En Cataluña, en el noreste de España, el idioma regional es el catalán. En Galicia, en el noroeste de la Península Ibérica también hay un idioma regional. Se llama gallego. El idioma del País Vasco es el vasco o vascuence o euskera.

Complete these sentences with information from the text:

(a) La capital de España se llama . . . . . . . . . . . . . . . . . . . . . . . . . . . . . .
(b) La población de Madrid es de . . . . . . . . . . . . . . . . . . . . millones.
(c) El . . . . . . . . . . . . . . . . . es el idioma nacional de España.
(d) El idioma de Cataluña es el . . . . . . . . . . . . . . . . . . . . . . . . . . . . .
(e) . . . . . . . . . . . . . . . . . . . . . es una región en el noroeste de España.

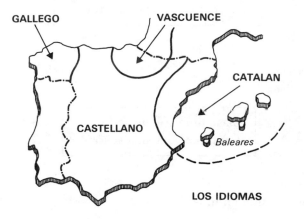

GALLEGO    VASCUENCE

CATALAN

CASTELLANO

Baleares

LOS IDIOMAS

## Summary

### A Asking and giving personal information

   (i) Name:

¿Cómo se llama usted? Me llamo Antonio Morales.
¿Cuál es su nombre? Mi nombre es María González.
¿Es usted la señora Rodríguez? Soy Angela Rodríguez.

   (ii) Nationality:

¿Cuál es su nacionalidad? Soy español.
¿Es usted español? No soy español. Soy mexicano.

   (iii) Origin:

¿Es usted de la Ciudad de México? No, soy de Veracruz.

   (iv) Profession:

¿Cuál es su profesión (ocupación)? Soy traductor.

### B Giving information about other people

*Masculine*    El es peruano, es de Lima, es ingeniero.
*Feminine*    Ella es boliviana, es de La Paz, es intérprete.

### C Identifying people and asking questions about someone's identity

¿Quién es Isabel Castro Salas? Es la Jefe de Publicidad de Viajes Maya.

## Grammar

**1 Definite article**
Singular

| | |
|---|---|
| masculine | **el** director |
| feminine | **la** directora |

**2 Indefinite article**
Singular

| | |
|---|---|
| masculine | **un** señor |
| feminine | **una** señora |

**3 Masculine and feminine nouns**
Singular

| | |
|---|---|
| el español | la española |
| el secretario | la secretaria |
| el traductor | la traductora |
| el economista | la economista |
| el estudiante | la estudiante |

**4 Ser** (present tense indicative)
Singular

| | | |
|---|---|---|
| yo | **soy** | |
| tú | **eres** | de España |
| él<br>ella<br>usted | **es** | español(a)<br>estudiante |

**5 Interrogative and negative sentences**
  ¿Usted es español?
  ¿Es usted mexicano?

Usted es argentino, ¿verdad?
Usted es venezolano, ¿no?
No soy español.

**6** **Agreement** of adjectives and nouns
**un** director español
**una** compañía español**a**

**7** **Possessive adjectives**
Singular

| mi | nombre |
|----|--------|
| tu | profesión |
| su | apellido |

(**su**: de él, de ella, de usted)

**8** **Question words:** ¿cuál?, ¿cómo?, ¿quién?

| ¿Cuál | es su (tu) nombre? |
|-------|--------------------|
| ¿Cómo | se llama usted? |
| ¿Quién | es Isabel? |

**9** **Prepositions:** de, en, con

| Soy **de** Madrid. |
|---|
| Soy **del** Perú. (de + el = del) |
| **En** el noroeste de España. |
| **Con** capital mexicano. |

# Unidad 2

# TENGO VEINTISEIS AÑOS

## Asking and giving personal information

## Dialogue

Isabel Pérez is a secretary at Comercial Hispana. Before she joined the company she was interviewed by the Personnel Manager (*Director de Personal*). This is part of that interview.

| | |
|---|---|
| *Director de Personal* | ¿Usted es la señorita Pérez? |
| *Isabel* | Sí, soy yo. |
| *Director de Personal* | Pase por aquí, por favor. Siéntese. |
| *Isabel* | Gracias. |
| *Director de Personal* | Yo soy el director de personal. Mi nombre es Antonio Lira. Usted es Isabel Pérez, ¿no? |
| *Isabel* | Sí, Isabel Pérez. |
| *Director de Personal* | ¿Y cuál es su segundo apellido? |
| *Isabel* | Guerra. Isabel Pérez Guerra. |

Isabel Pérez es secretaria de dirección

12

| | |
|---|---|
| *Director de Personal* | ¿Cuántos años tiene? |
| *Isabel* | Tengo veintiséis años. |
| *Director de Personal* | ¿Está usted casada o soltera? |
| *Isabel* | Estoy soltera. |
| *Director de Personal* | ¿Cuál es su ocupación actual? |
| *Isabel* | Soy empleada de una compañía de seguros. |
| *Director de Personal* | ¿Cómo se llama la empresa? |
| *Isabel* | Seguros 'La Mutual'. |
| *Director de Personal* | ¿Y qué cargo tiene usted en la compañía? |
| *Isabel* | Soy secretaria de dirección. |

## Practice

**1** Study these numbers:

| | | |
|---|---|---|
| 1 uno | 11 once | 21 veintiuno |
| 2 dos | 12 doce | 22 veintidós |
| 3 tres | 13 trece | 23 veintitrés |
| 4 cuatro | 14 catorce | 24 veinticuatro |
| 5 cinco | 15 quince | 25 veinticinco |
| 6 seis | 16 dieciséis | 26 veintiséis |
| 7 siete | 17 diecisiete | 27 veintisiete |
| 8 ocho | 18 dieciocho | 28 veintiocho |
| 9 nueve | 19 diecinueve | 29 veintinueve |
| 10 diez | 20 veinte | 30 treinta |

**2** Get together with another student and ask and answer questions as in the dialogue on pages 12 and 13 using this information:

| | |
|---|---|
| Nombre | *Ana María* |
| Apellidos | *Pizarro Rojas* |
| Edad | *29 años* |
| Estado Civil | *casada* |
| Ocupación y cargo | *periodista;* |
| | *jefe de redacción* |
| Nombre de la empresa | *Editorial Cienfuegos* |

**3** You have applied for a job in a Spanish-speaking country. In the course of an interview you are asked the following questions (answer using complete sentences):

*Pregunta* ¿Cuál es su apellido?

*Respuesta* .....................................................

*Pregunta* ¿Cuántos años tiene?

*Respuesta* .....................................................

*Pregunta* ¿Está usted casado(a) o soltero(a)?

*Respuesta* .....................................................

*Pregunta* ¿Cuál es su ocupación actual? (o actividad)

*Respuesta* .....................................................

*Pregunta* ¿Cómo se llama la empresa? (el instituto, el colegio, la universidad, etc.)

*Respuesta* .....................................................

**4** Complete this paragraph with the appropriate verb form:

Mi nombre . . . . . . . . . . . . . . . . . . . . Javier Rojo, . . . . . . . . . . . . . . . . . . . .

ecuatoriano, . . . . . . . . . . . . . . . . . veintiocho años y . . . . . . . . . . . . . . . .

casado. Yo . . . . . . . . . . . . . . . . . . . . arquitecto en una firma constructora.

## 5  Writing

Study this information about Luisa, a receptionist at Comercial Hispana, an import–export company.

Luisa tiene diecinueve años y está soltera. Luisa es recepcionista en una compañía de importaciones y exportaciones.

Now write similar paragraphs about these people:

| Nombre | Edad | Estado Civil | Ocupación | Lugar |
|--------|------|--------------|-----------|-------|
| Pedro | 24 | soltero | portero | un club |
| Dolores | 21 | casada | dependienta | una tienda |
| Esteban | 18 | soltero | botones | un hotel |
| Paloma | 30 | casada | empleada | una fábrica |

## 6  Reading

Read this information about Angela Rodríguez.

Angela Rodríguez es española, de Madrid. Angela tiene treinta y ocho años, está casada y tiene tres hijos. Su marido se llama José y tiene cuarenta y dos años. El mayor de los hijos, de doce años, se llama Miguel. La menor, Cristina, sólo tiene cuatro años. Angela es gerente de Turismo Iberia. Su marido es empleado del Banco Nacional de España.

Complete these sentences with information about Angela and her family:

(a)  Angela es (nacionalidad).
(b)  Ella es de (ciudad).
(c)  Es (ocupación).
(d)  Está (estado civil).
(e)  Tiene (número) hijos.
(f)  El marido de Angela se llama (nombre).
(g)  El tiene (edad).
(h)  El es (ocupación).
(i)  El mayor de los hijos es (nombre).
(j)  La hija menor tiene (edad) y se llama (nombre).

**7** Study these numbers:

| | | |
|---|---|---|
| **31** treinta y uno | **50** cincuenta | **90** noventa |
| **32** treinta y dos | **51** cincuenta y uno | **100** cien |
| **40** cuarenta | **60** sesenta | **101** ciento uno |
| **41** cuarenta y uno | **70** setenta | **102** ciento dos |
| **42** cuarenta y dos | **80** ochenta | **200** doscientos |

**8** **Writing**

Study this information about Carlos García and write a paragraph similar to the one in exercise 6.

| | |
|---|---|
| Carlos García: | español, de Madrid, 54 años, casado, dos hijos. |
| Su esposa: | Teresa, 49 años. |
| Su hija mayor: | Adela, 23 años. |
| Su hijo menor: | Andrés, 20 años. |
| Ocupación del Sr. García: | hombre de negocios. |
| Ocupación de su esposa: | ama de casa. |

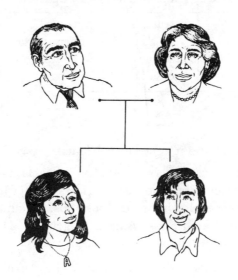

**9** **Sustained speaking**

Give similar information about you and your family. You may need some of these words:

Mi esposo/esposa (o mi marido/mujer)
Mis padres
Mi padre/madre
Mis hermanos
Mi hermano/hermana (mayor/menor)

# Listening comprehension

At a party in Madrid, Sr. García meets Ricardo Molina, a Latin American business executive. Listen to their conversation and then choose the correct answers in the following exercise.

**1** Ricardo Molina es   (*a*) colombiano
                          (*b*) venezolano
                          (*c*) mexicano

**2** Es de   (*a*) Guadalajara
              (*b*) Guatemala
              (*c*) Nicaragua

**3** Es   (*a*) gerente
           (*b*) subdirector   } de una compañía
           (*c*) director general

**4** Está   (*a*) divorciado
             (*b*) casado
             (*c*) soltero

# Reading comprehension

## Cataluña

España es un país de grandes contrastes geográficos, culturales, económicos y sociales. Cada región de España tiene sus características propias. En el noreste está Cataluña, una de las regiones más industriales y prósperas de la Península Ibérica. Barcelona, la principal ciudad de Cataluña, es una ciudad cosmopolita, con una importante vida cultural y con un ambiente más europeo que el resto de la Península. Barcelona es el centro industrial, comercial y administrativo de Cataluña. Es una ciudad atractiva, con un clima agradable y gran afluencia de turistas extranjeros.

Iglesia de la Sagrada Familia, obra del arquitecto catalán Antonio Gaudí

18

REGIONES DE ESPAÑA

## Galicia

En el extremo noroeste de la Península
está Galicia, zona de clima húmedo,
similar al del Estado de Washington. Galicia
es una zona poco industrializada y la
emigración es un factor importante en
la vida de esta región. La pesca y la
construcción de barcos son industrias
importantes en Galicia. Los principales
productos agrícolas son los cereales, tales
como el maíz, el trigo, el centeno y la
cebada. También las patatas, la remolacha
y el tabaco. La ciudad más grande es La
Coruña, un puerto, que tiene casi
doscientos mil habitantes.

La pesca es una actividad importante
en Galicia

Tell whether the following statements are true or false. Correct false statements.

(a) Cataluña está en el noroeste de España.
(b) Es una región industrializada.
(c) La principal ciudad es Barcelona.
(d) Galicia es una región árida.
(e) Galicia es una zona muy industrializada.
(f) La industria pesquera tiene importancia en Galicia.

## Summary

Asking and giving personal information

(i)  Age:                           ¿Cuántos años tiene usted?
                                             Tengo 26 años.
                                             ¿Cuántos años tiene Angela?
                                             Tiene 38 años.

(ii)  Civil status:                  ¿Está usted casado o soltero?
                                             Estoy casado (soltero).
                                             ¿Está casada Angela?
                                             Sí, está casada.

(iii)  Exact occupation:        ¿Qué cargo tiene usted?
                                             Soy secretaria de dirección en una compañía de seguros.

(iv)  Family:                 ¿Cuántos hijos (hermanos, etc.) tiene usted?
                                             Tengo dos hijos (hermanos, etc.).
                                             ¿Cuántos hijos tiene Angela?
                                           Tiene tres hijos.

## Grammar

**1**  **Definite article**
Plural

| masculine | **los** hijos |
|-----------|---------------|
| feminine  | **las** hijas |

**2**  **Indefinite article**
Plural

| masculine | **unos** españoles |
|-----------|--------------------|
| feminine  | **unas** españolas |

**3** Plural of nouns

| | |
|---|---|
| el hijo | los hijos |
| la hija | las hijas |
| el español | los españoles |
| la región | las regiones |

**4** **Agreement** of nouns and adjectives

| | |
|---|---|
| mi hijo menor | mis hijos menores |
| tu amiga española | tus amigas españolas |
| su hija mayor | sus hijas mayores |

Note: possessive adjectives take the plural form when the noun which follows is in the plural: **mis, tus, sus** (hijos). **Mi, tu** and **su** do not change for gender.

**5** Question words: ¿cuántos?, ¿qué?

| | |
|---|---|
| **¿Cuántos** | años tiene usted? |
| **¿Cuántas** | hijas tiene Angela? |
| **¿Qué** | cargo tiene usted? |

**6** **Estar** (present tense indicative)
Singular

| yo | estoy | |
|---|---|---|
| tú | estás | casado(a) |
| él ella usted | está | soltero(a) divorciado(a) |

**7** **Tener** (present tense indicative)
Singular

| yo | tengo | |
|---|---|---|
| tú | tienes | 38 años tres hijos |
| él ella usted | tiene | dos hermanos |

# Unidad 3

# ¿CUAL ES SU DIRECCION?

## Dialogue

Fernando Giménez, a student, is obtaining a driving license (*un carnet de conducir*). Here is some personal information he has to provide.

| | |
|---|---|
| *Empleada* | ¿Su nombre? |
| *Fernando* | Fernando Giménez Olmedo. |
| *Empleada* | ¿Giménez con 'g' o con 'j'? |
| *Fernando* | Se escribe con 'g'. |
| *Empleada* | ¿Cuál es la fecha de su nacimiento? |
| *Fernando* | 25 de abril de 1961. |
| *Empleada* | ¿Y el lugar de nacimiento? |
| *Fernando* | Sevilla. |
| *Empleada* | ¿Dónde vive usted? |
| *Fernando* | Vivo en Madrid. |
| *Empleada* | ¿Cuál es su dirección? |
| *Fernando* | Calle La Mancha, 114. |
| *Empleada* | ¿Tiene teléfono? |
| *Fernando* | Sí, es el 521 42 09. |

21

# Practice

**1** Listen to the pronunciation of the alphabet in Spanish and repeat each letter pronounced by your teacher.

**El alfabeto**

| A | B | C | CH | D | E | F | G | H | I |
|---|---|---|----|---|---|---|---|---|---|
| J | K | L | LL | M | N | Ñ | O | P | Q |
| R | RR | S | T | U | V | W | X | Y | Z |

**2** Spell your name and other people's names.

(a) ¿Cómo se escribe su nombre y apellido?
(*Spell your first and last names*)
(b) ¿Cuál es el apellido de su profesor de español? ¿De su jefe? ¿Cómo se escribe?
(c) ¿Cuál es el nombre de su calle? ¿Cómo se escribe?
(d) ¿Cómo se escribe el nombre de su país? ¿De su ciudad?

**Los meses**

| enero | febrero | marzo | abril |
|-------|---------|-------|-------|
| mayo | junio | julio | agosto |
| septiembre | octubre | noviembre | diciembre |

**Números**

| 200 | doscientos | 600 | seiscientos |
|-----|-----------|-----|-------------|
| 201 | doscientos uno | 700 | setecientos |
| 300 | trescientos | 800 | ochocientos |
| 400 | cuatrocientos | 900 | novecientos |
| 500 | quinientos | 1.000 | mil |

1.900  mil novecientos
1.980  mil novecientos ochenta
1.985  mil novecientos ochenta y cinco
2.000  dos mil
3.000  tres mil

| 5.000 | cinco mil | 10.000 | diez mil |
|-------|-----------|--------|----------|
| 8.000 | ocho mil | 1.000.000 | un millón |
| | | 2.000.000 | dos millones |

**3** You are attending an interview and are asked to provide some personal information. Answer these questions as in the dialogue on page 21:

*Pregunta*     ¿Su nombre, por favor?

*Respuesta*    . . . . . . . . . . . . . . . . . . . . . . . . . . . . . . . . . . . . . . .

*Pregunta*     ¿Cómo se escribe su apellido?

*Respuesta*    . . . . . . . . . . . . . . . . . . . . . . . . . . . . . . . . . . . . . . .

*Pregunta*     ¿Cuál es la fecha de su nacimiento?

*Respuesta*    . . . . . . . . . . . . . . . . . . . . . . . . . . . . . . . . . . . . . . .

*Pregunta*     ¿Y el lugar de su nacimiento?

*Respuesta*    . . . . . . . . . . . . . . . . . . . . . . . . . . . . . . . . . . . . . . .

*Pregunta*     ¿Dónde vive usted?

*Respuesta*    . . . . . . . . . . . . . . . . . . . . . . . . . . . . . . . . . . . . . . .

*Pregunta*     ¿Cuál es su dirección?

*Respuesta*    . . . . . . . . . . . . . . . . . . . . . . . . . . . . . . . . . . . . . . .

*Pregunta*     ¿Tiene usted teléfono? ¿Cuál es el número?

*Respuesta*    . . . . . . . . . . . . . . . . . . . . . . . . . . . . . . . . . . . . . . .

Now get together with another student and practice asking and answering similar questions.

**4** Look at the addresses below and answer the questions which follow.

> Sr. Agustín Morales R.
> Calle Santander, 217
> Bilbao, España

(*a*) ¿En qué calle vive el Sr. Morales?
    (Vive en . . . . . . . . . . . . . . . . . . . . . . . . . . . . . . . . . . . . . . . . . . . . )
(*b*) ¿En qué ciudad vive?

> Sra. Mercedes Donoso
> Avda. Las Palmeras 358, Apto. 21
> México, D.F., México

(*c*) ¿Dónde vive la Sra. Donoso?

> Srta. Gloria Blanco P.
> Calle Playa Ancha 1050
> Valparaíso, Chile

(*d*) ¿Cuál es la dirección de la Srta. Blanco?

```
┌─────────────────────────────────┐
│       Sr. Vicente Barrios        │
│      Avda. Corrientes 5053       │
│      Buenos Aires, Argentina     │
└─────────────────────────────────┘
```

(e)  ¿En qué calle vive el Sr. Barrios?
(f)  ¿En qué ciudad y país vive?

## 5  Dictation

Write down the dates and telephone numbers as they are dictated to you. (They are to be found in the *Teacher's Guide*.)

## 6

These are the dates of some public holidays in Spain and Latin America. Practice reading each date in Spanish.

|  | Día | Mes |
|---|---|---|
| Año Nuevo | 1 | 1 |
| Viernes Santo | ... | ... |
| Día del Trabajo | 1 | 5 |
| Fiesta de la Hispanidad | 12 | 10 |
| Todos los Santos | 1 | 11 |
| Inmaculada Concepción | 8 | 12 |
| Navidad | 25 | 12 |

Some useful questions and answers:

(a)  ¿Qué fecha es hoy?       Es el (treinta de octubre).
(b)  ¿Qué fecha es mañana?       Es el (treinta y uno de octubre).
(c)  ¿Cuándo es su cumpleaños?       Es el (veintitrés de julio).

## 7

Practice these Spanish abbreviations. Those marked with an asterisk may be read as whole words.

| | |
|---|---|
| CN | Carretera Nacional |
| CT | Centro Turístico |
| CTNE | Compañía Telefónica Nacional de España |
| IB | Iberia |
| PVP | Precio de Venta al Público |
| RACE* | Real Automóvil Club de España |
| REAJ* | Red Española de Albergues Juveniles |
| RENFE* | Red Nacional de Ferrocarriles Españoles |
| Tfno. | Teléfono |
| TVE | Televisión Española |

The following words are often used in abbreviated form:

| | | | |
|---|---|---|---|
| apartado (de correos) | apdo. | kilómetros por hora | km/h. |
| apartamento | Apto. | número | n°. |
| avenida | Av/Avda. | pesetas | pta(s). |
| calle | C/ | Sociedad Anónima | S.A. |
| compañía | Cía. | señor | Sr. |
| derecha | dcha. | señora | Sra. |
| hora | h. | señores | Sres. |
| izquierda | izq. | señorita | Srta. |

**8** The following is a list of important telephone numbers in Madrid. Practice reading each number in Spanish.

| | |
|---|---|
| Policía | 091 |
| Urgencia Médica | 222 22 22 |
| Telegramas | 222 29 51 |
| Información Taxi | 754 09 00 |
| Información Renfe | 247 74 00 |
| Información Telefónica | 003 |
| Información Aeropuerto | 262 67 00 |
| Información Turismo | 241 23 25 |
| Información Objetos Perdidos | 248 10 00 |
| Información Hoteles | 248 97 05 |

**9** **Reading/Writing**

Study this information about Fernando Giménez.

Fernando Giménez es sevillano, tiene veintitrés años y es estudiante de la Universidad de Madrid. Estudia economía y está en el quinto año de estudios. Tiene clases sólo por la mañana. Al mediodía come en la cantina de la Facultad. Por la tarde trabaja en una compañía naviera. Fernando vive con unos amigos en un pequeño piso cerca de la Universidad.

**Answer these questions in English:**

(a) What does Fernando do?
(b) What does he study? Where?
(c) What year is he in?
(d) When does he have classes?
(e) Where does he eat at midday?
(f) Where does he work in the afternoon?
(g) Who does he live with?
(h) Where does he live?

Here is some similar information provided by Carmen, a student from Mexico. Match each of her answers with the appropriate question.

*Respuestas*

1  Soy de la Ciudad de México.
2  Tengo 21 años.
3  Estudio Derecho.
4  Tengo clases por la mañana y por la tarde.
5  Al mediodía como en casa.
6  Vivo con mis padres y un hermano.
7  En una casa bastante grande cerca del centro de la ciudad.

*Preguntas*

(*a*)  ¿Qué estudia?
(*b*)  ¿Con quién vive?
(*c*)  ¿De dónde es?
(*d*)  ¿Cuándo tiene clases?
(*e*)  ¿Cuántos años tiene?
(*f*)  ¿Dónde come?
(*g*)  ¿Dónde vive?

Rewrite the passage about Fernando using the first person singular of the verb, for example:

Me llamo Fernando Giménez, soy sevillano, tengo veintitrés años y ... , etc.

## 10 Sustained speaking/Writing

Give the following information about yourself orally and then write a full paragraph giving the same information.

¿Cómo se llama usted?
¿De dónde es?
¿Cuántos años tiene?
¿Dónde vive?
¿Con quién vive?
¿Qué estudia?
¿Dónde estudia?
¿Cuándo tiene clases?
¿Dónde come?
¿Trabaja usted?  ¿En qué trabaja?
¿Dónde trabaja?
¿Cuál es la dirección de su oficina?
¿Tiene teléfono?  ¿Cuál es el número?

## Listening comprehension

Listen to this information given by two Spanish speakers and as you listen, fill in the blank spaces with the missing words.

(a) ¡Hola! ¿Qué hay? Mi .................... es María José Suárez, soy

.................... Burgos, .................... veintiséis años,

estoy .................... y tengo una .................... de

dos años. Yo .................... en un pequeño ....................

en las afueras de Burgos, en la .................... General Mola, 98.

Actualmente .................... como ....................

bilingüe en una .................... de productos metálicos. Mi

.................... es mecánico y .................... en una

.................... de transportes.

(b) ¡Qué tal! Yo me .................... Miguel López, ....................

madrileño, .................... veintiún años y ....................

Derecho en la .................... de Madrid. Estoy ....................

y .................... con mi familia: mi padre, mi ....................

y mis dos .................... , en un .................... piso

en el centro .................... Madrid. Mi padre ....................

contable y trabaja en .................... grandes almacenes. Mi

madre es ama de casa. El .................... de mis hermanos, Carlos,

tiene .................... años .................... en un instituto. José,

que tiene .................... años, .................... en una Academia

de Artes.

Write a brief passage giving information about your family.

# Reading comprehension

## Andalucía

Al sur de la Península Ibérica está Andalucía, importante centro turístico de España, gracias a su clima, su sol y sus playas. Sevilla es la ciudad más grande de Andalucía y una de las ciudades más grandes de España. Muchos de los habitantes de esta región trabajan en la agricultura y en la industria. La producción de vinos es una actividad importante en la region de Sevilla. También tiene importancia el cultivo del olivo. Con las aceitunas se fabrica aceite de oliva, ingrediente indispensable en la cocina española y mediterránea. El aceite de oliva y los vinos españoles se exportan a Europa y a América.

La producción de vinos es una actividad importante en la region de Sevilla

## Los españoles en el trabajo

De cada cuatro trabajadores españoles tres son hombres y una es mujer. La mayor parte de los españoles — más mujeres que hombres — trabajan en los servicios, que ocupan el 41,88 por ciento de la población activa. La industria, con un 27,56 por ciento, y la agricultura, con un 20,56 por ciento, son los otros dos sectores que mayor número de trabajadores ocupan.

Los trabajadores más afectados por el paro son los de la construcción y los servicios. Las zonas de España más afectadas por la falta de trabajo son Andalucía, Canarias y Extremadura.

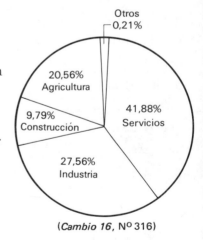

Otros
0,21%

20,56%
Agricultura

9,79%
Construcción

41,88%
Servicios

27,56%
Industria

(*Cambio 16*, Nº 316)

Tell whether the following statements are true or false. Correct false statements.

(*a*) Sevilla es la ciudad más grande de España.
(*b*) Los habitantes de Andalucía trabajan principalmente en actividades marítimas.
(*c*) En Sevilla hay una importante producción de vinos.
(*d*) España importa aceite de oliva.

**Answer in English:**

(*a*) Where do most Spanish people work?
(*b*) What percentage of Spaniards work in industry?
(*c*) Which sectors of the economy are most affected by unemployment?
(*d*) Which regions are most affected?

## Summary

**A Asking and giving personal information**

| | | |
|---|---|---|
| (i) | Date of birth: | ¿Cuál es la fecha de su nacimiento? El 25 de abril de 1961. |
| (ii) | Place of birth: | ¿Cuál es el lugar de su nacimiento? Sevilla. |
| (iii) | Place of residence: | ¿Dónde vive? Vivo en Madrid. |
| (iv) | Address: | ¿Cuál es su dirección? Vivo en la calle La Mancha, 114. |
| (v) | Telephone No.: | ¿Cuál es su número de teléfono? Es el 521 42 09. |
| (vi) | Studies: | ¿Qué estudia? Estudio Economía. ¿Dónde estudia? Estudio en la Universidad de Madrid. |
| (vii) | Work: | ¿En qué trabaja? ¿Dónde trabaja? Trabajo en una compañía naviera. |

**B Asking people to spell a word**

¿Cómo se escribe? Se escribe con 'g'
*or* Se escribe G–i–m–é–n–e–z.

## Grammar

**1 Question words: ¿dónde?, ¿cuándo?**

| | |
|---|---|
| **¿Dónde** | vive usted? |
| **¿Cuándo** | tiene clases? |

## 2 Preposition + question word

| | |
|---|---|
| **¿De dónde** | es usted? |
| **¿Con quién** | vive? |
| **¿En qué** | calle vive? |

## 3 Expressions of time

| | |
|---|---|
| Tengo clases | **por la mañana** |
| Trabajo | **por la tarde** |
| Como | **al mediodía** |

## 4 Ordinal numbers

| | | | |
|---|---|---|---|
| 1st | primero | 6th | sexto |
| 2nd | segundo | 7th | séptimo |
| 3rd | tercero | 8th | octavo |
| 4th | cuarto | 9th | noveno |
| 5th | quinto | 10th | décimo |

## 5 The present tense indicative (regular verbs)
Singular

| | -ar | -er | -ir |
|---|---|---|---|
| | trabajar | comer | vivir |
| yo | trabajo | como | vivo |
| tú | trabajas | comes | vives |
| él<br>ella<br>usted | trabaja | come | vive |

## 6 Se + verb

| | | |
|---|---|---|
| Singular | **Se escribe** | con 'g' |
| Singular | **Se fabrica** | aceite de oliva |
| Plural | **Se exportan** | a Europa |

## 7 Relative pronoun 'que'

La mayor parte de los españoles trabajan en los servicios, **que** ocupan el 41,8 por ciento de la población. La industria y la agricultura son los otros dos sectores **que** mayor número de trabajadores ocupan.

# Unidad 4

# HACE CALOR

**Dialogue**

Angela Rodríguez is describing a hotel to a group of Spanish tourists traveling to Cancún in Mexico.

| | |
|---|---|
| *Angela* | En Cancún tenemos habitaciones para ustedes en el Hotel Los Mariachis. Siete habitaciones dobles y tres individuales. El hotel es muy grande y moderno y está bastante cerca de la playa. Las habitaciones son muy cómodas y todas tienen cuarto de baño y terraza con vista al mar. |
| *Turista 1* | ¿Hay televisión en las habitaciones? |
| *Angela* | Sí, hay televisión y también hay música ambiental y aire acondicionado. |
| *Turista 2* | ¿Tiene piscina el hotel? |

31

32

| Angela | Sí, tiene una piscina muy bonita. Además, tiene dos bares, un restaurante interior y otro exterior y una discoteca. |
| Turista 1 | ¿Hace mucho calor en Cancún? |
| Angela | Pues sí, en esta época del año hace mucho calor. |

## Practice

**1** Complete the phrases in column *A* with an appropriate phrase from column *B*, according to the information in the dialogue.

*A*
1 El hotel es
2 El hotel está
3 Las habitaciones son
4 Las habitaciones tienen
5 El hotel tiene

*B*
(a) muy cómodas
(b) cuarto de baño y terraza con vista al mar
(c) una piscina muy bonita, dos bares, dos restaurantes y una discoteca
(d) bastante cerca de la playa
(e) muy grande y moderno

**2** Summary

You are working for a travel agent and have received the following hotel information from Spain. Draw up a list in English of the facilities available at each hotel.

**HOTEL AGUAMARINA\*\*\***
Tel. 37 13 01
ARENAL D'EN CASTELL
Habitaciones con baño, W.C. teléfono y terraza. El hotel dispone de ascensores, piscina infantil y de adultos, jardín, bares, baile semanal, guarder´ infantil, salones sociales, juegos recreativos, TV y pista de tenis. Situado a 50 m. de la playa.

**HOTEL ESMERALDA\*\*\***
Paseo San Nicolás, s/n.
Teléfono 38 02 50 CIUDADELA
Situado en la zona residencial de la ciudad, junto al Puerto.
Habitaciones: Todas con baño, teléfono y terraza.
Servicios: Salones sociales, bar, restaurante, solarium, piscina y tenis.
Consulte la oferta en habitaciones cuádruples.

**HOTEL CALA GALDANA\*\***
Tel. 37 30 00
Playa de Santa Galdana
Habitaciones con ducha y teléfono, algunas con terraza y vista al mar. El hotel dispone de piscina, solarium, bares, salones sociales, juegos recreativos y ascensor. El complejo dispone de tiendas, sauna, supermercado, restaurante y amplios jardines. Situado a 100 metros de la playa.

**HOTEL SUR MENORCA\***
Tel. 36 18 00
CALA BINIANCOLLA
Habitaciones con ducha, teléfono y terraza. El hotel dispone de salones sociales, TV, bar, piscina de adultos y niños, parque infantil, boutique, tenis y restaurante. Situado en zona tranquila a 19 Km. de Mahón.

**3** Reading

You will be sent to Chile on business and you are trying to get some information about the country before you go. Study the following text and then answer in Spanish the questions which follow.

Al Suroeste de la América del Sur está Chile, uno de los países más largos y estrechos del mundo. Su capital es Santiago, ciudad que está al pie de los Andes y a sólo 120 km del Océano Pacífico, en el centro del país.

Santiago tiene un clima agradable, de tipo mediterráneo, con temperaturas moderadas. En verano hace sol, con temperaturas que oscilan entre los 26° y los 32° centígrados durante el día. En invierno hace frío durante las mañanas y durante las noches, pero las temperaturas aumentan al mediodía. En invierno llueve con frecuencia. En otoño y en primavera hace normalmente buen tiempo.

Santiago es una ciudad moderna, con facilidades para el turismo y con un buen sistema de transporte. Cómodos autobuses permiten viajar de un extremo a otro del país.

| CHILE | |
|---|---|
| Población: | 11.000.000 |
| Capital: | Santiago |
| Población: | 4.000.000 |
| Superficie: | 756.946 km² |
| Largo: | ..200 km |
| Ancho: | 180 km (promedio) |
| Idioma: | castellano |
| Religión: | católica |
| Exportaciones. | cobre, madera, frutas, vinos |

(a)  ¿Dónde está Chile?
(b)  ¿Cómo se llama la capital?
(c)  ¿Dónde está la capital?
(d)  ¿Cómo es el clima en Santiago?
(e)  ¿Hace sol en verano?
(f)  ¿Hace mucho frío en invierno?
(g)  ¿Hace buen o mal tiempo en otoño y en primavera?
(h)  ¿Cómo es Santiago?

34

## 4 Translation

Imagine that the information on the previous page will be included in a tourist brochure for English speakers. Translate into English "Santiago tiene un clima agradable ... hace normalmente buen tiempo".

## 5

Your boss would like to rent an apartment in Spain for the summer. He has seen the following advertisement in a Spanish newspaper, and has asked you to read it and answer some questions for him.

3 dormitorios, sala, comedor, cocina, 2 cuartos de baño, terrazas con vista al mar. Servicios: aparcamiento, piscina, jardines.

- *Situados a 100 metros de la playa.*
- *Excelente transporte hacia la ciudad.*
- *Centro comercial a sólo 50 metros.*

Para más información escribir a **Constructora Mi Casa, Calle Calpe, 34, Alicante.**

(*a*) How many bedrooms does it have?
(*b*) What are the other rooms?
(*c*) Is there a swimming pool?
(*d*) What other facilities are there?
(*e*) How far is it from the beach?
(*f*) Is there any transportation to the city?
(*g*) Are there any shopping facilities in the area?

# B   Describing people: letters of recommendation

Turismo Iberia is increasing its staff. The following is a letter of recommendation sent by an applicant's present employer:

---

## AGENCIA DE VIAJES COSTA DEL SOL

Apartado 30 – Teléfono 84 12 56 – Calvo Sotelo 7-1° – Málaga

Málaga, 15 de junio de 19. .

Turismo Iberia
Avda. Los Claveles 418,2°, A
Madrid-3

Muy señores nuestros:

     Acusamos recibo de su carta de fecha 4 de los corrientes en que solicita referencias sobre la señorita Marta López.

     Nos es muy grato informarles que la señorita López trabaja en nuestra agencia desde enero del año pasado y es una empleada competente y de toda confianza, tiene buena presencia y modales agradables. No dudamos que la señorita López tiene la capacidad para desempeñar el puesto que solicita.

Les saluda muy atentamente.

Felipe Pizarro

Gerente

---

Look at the way Marta has been described by her boss:

Marta López es una empleada competente y de toda confianza.
Tiene buena presencia y modales agradables.

Here are some Spanish phrases which are frequently used in formal letter writing:

## Salutation

| | |
|---|---|
| Muy señor mío: | *Dear Sir* |
| Muy señores míos: | *Dear Sirs* |
| Muy señor nuestro: | *Dear Sir* |
| Muy señores nuestros: | *Dear Sirs* |

Señor and señores are often used in abbreviated form: Sr., Sres.

Feminine forms may be written using the singular form, as in:

| | |
|---|---|
| Muy señora mía (*or* Sra.)· | *Dear Madam* |
| Muy señora nuestra: | *Dear Madam* |

Other more polite forms are:

| | |
|---|---|
| Distinguido señor: | *Dear Sir* |
| Distinguida señora: | *Dear Madam* |

More personal forms are:

| | |
|---|---|
| Estimado señor García: | *Dear Mr. García* |
| Estimada señora Rodríguez: | *Dear Mrs. Rodríguez* |

## Introductory phrases

| | |
|---|---|
| Acuso (or acusamos) recibo de su carta de fecha 4 de los corrientes en que . . . | *We acknowledge receipt of your letter of the 4th of the current month in which . . .* |
| Obra en (mi) nuestro poder su atenta del 18 del corriente . . . | *We acknowledge receipt of your letter of the 18th of the current month . . .* |
| En contestación a su atenta carta de fecha 21 del pasado mes de mayo . . . | *In answer to your letter of May 21st . . .* |
| Correspondemos a su amable carta de 24 de agosto . . . | *In answer to your letter of August 24th . . .* |
| El objeto de la presente es . . . | *This is to . . .* |

## Close

| | |
|---|---|
| Atentamente. Le(s) saluda(n) atentamente. Atentamente le(s) saluda/ le(s) saludamos. | *Yours truly or Sincerely yours* |

Note the use of "Me es muy grato . . .", "Nos es muy grato . . ." ("*I am pleased to . . .*", "*We are pleased to . . .*").

# Practice

## 1 Letter writing

Using the letter on page 35 as a model, write similar letters about Pablo Mena and María Ruiz.

| Nombre | Es | Tiene |
|---|---|---|
| Pablo Mena | un empleado responsable y trabajador | sentido común y deseo de superación |
| María Ruiz | una persona inteligente e imaginativa | una personalidad agradable y buenos modales |

## 2 Translation

The following letter has been received by your company and you have been asked to translate it:

---

### DELANO, S.A.

Plaza de Santa Ana 9 — Teléfono 433 20 00
— Telex 42571 — DESA — Madrid–1

Madrid, 14 de noviembre de 19 . .

Williamson & Co, Inc.
3296 Hayward Ave.
Minneapolis, MN 55404
E.E.U.U.

Muy Sr. mío:

Obra en mi poder su atenta del 5 del corriente en que solicita referencias sobre el señor Julio Santana.

Lamentamos informarle que el señor Santana es una persona irresponsable y con poco sentido común, que además tiene una actitud negativa hacia sus superiores.

En nuestra opinión el señor Santana no es la persona apropiada para el cargo que solicita.

Le saluda atentamente.

Gabriel Oyarzo

Administración

---

## 3 Writing

Read these sentences:

Cecilia es simpática. Es alta, rubia y tiene ojos verdes.

Now write similar sentences about these people:

| Nombre | Es | Es | Tiene |
|--------|-----|-----|-------|
| Pedro | divertido | bajo, moreno | ojos negros |
| Delia | inteligente | alta, delgada | ojos marrones |
| Ramiro | antipático | bajo, gordo | ojos azules |

**4** Describe yourself using some of these words:

Soy alto/bajo; delgado/gordo; moreno/rubio.
Tengo ojos verdes/azules/marrones/negros.

## Listening comprehension

These are some of the facilities available in a new industrial development in Figueras, in northern Spain.

(a) Listen to the description of these facilities and number each picture 1, 2, 3, etc., according to their sequence in the recording.

(b) Your company is thinking of setting up an office in Figueras and you have been asked to travel to Spain and report back on the facilities available at the Polígono Industrial Figueras in *Cataluña*. These are some of the questions you will have to answer:

- How far is it from the French border?
- How far is it from Barcelona?
- Which is the nearest airport and how far is it?
- What is the distance to the nearest railway station?
- Is there good public transportation between the industrial development and Figueras?
- Is there a bank? Which bank?
- What other facilities are there?

# Reading comprehension

### El País Vasco

En el Norte de la Península Ibérica, al pie de los Pirineos, está el País Vasco. Las principales ciudades del País Vasco son Bilbao, San Sebastián y Vitoria. Bilbao es la cuarta ciudad de España en cuanto a población. Es una ciudad industrial y un importante puerto comercial. Entre las principales actividades económicas de la región está la pesca, la minería y la industria del acero. Con el acero se fabrica todo tipo de productos metálicos, desde armamentos hasta artículos electrodomésticos. Muchos de estos productos se exportan ahora a otros países de Europa.

El País Vasco es una de la regiones más industrializadas de España

### Los Vascos

Los vascos son un pueblo orgulloso de su cultura y de sus tradiciones y con un fuerte sentido regionalista y de independencia. Su idioma es el *vasco* o *vascuence* al que ellos llaman *euskera*. Es un idioma diferente de todas las otras lenguas europeas. El origen de los vascos y de su idioma es hasta hoy desconocido. De acuerdo con la Constitución española de 1978, el vasco es ahora un idioma oficial en el País Vasco, junto con el castellano. Tambien son oficiales el catalán y el gallego, en Cataluña y Galicia respectivamente.

**1** Fill in the table below with information from the text.

| El País Vasco | |
|---|---|
| Situación | ................................ |
| Nombre de los habitantes | ................................ |
| Nombre del idioma local | ................................ |
| Ciudades principales | ................................ |
| Actividades económicas | ................................ |

**2** Translation

Translate into English the paragraph "Es una ciudad industrial ... a otros países de Europa".

## Summary

**A** Describing a place

   (i) Characteristics:    El hotel es muy grande.
                             Las habitaciones son muy cómodas.

   (ii) Location:    El hotel está cerca de la playa.
                             Al Suroeste de la América del Sur está Chile.

   (iii) Facilities:    Todas las habitaciones tienen cuarto de baño.
                             Hay televisión y música ambiental.

**B** Describing the weather

Hace calor/frío.
Llueve.
El clima en Santiago es agradable.
Santiago tiene un clima agradable.

**C** Describing people

   (i) Character:    Es un empleado competente.
                             Es una persona simpática.

   (ii) Physically:    Es alto/bajo/gordo/delgado.
                             Es rubio/moreno.
                             Tiene ojos negros/verdes/azules/marrones.

## Grammar

**1 The present tense indicative** (regular verbs)
Plural

|  | -ar | -er | -ir |
|---|---|---|---|
|  | **trabajar** | **comer** | **vivir** |
| nosotros | trabaj**amos** | come**mos** | vivi**mos** |
| vosotros | trabaj**áis** | com**éis** | viv**ís** |
| ellos<br>ellas<br>ustedes | trabaj**an** | com**en** | viv**en** |

**2 Ser, estar, tener** (present tense indicative)

| ser | estar | tener |
|---|---|---|
| soy | estoy | tengo |
| eres | estás | tienes |
| es | está | tiene |
| somos | estamos | tenemos |
| sois | estáis | tenéis |
| son | están | tienen |

**3 Hay** (haber)

| ¿Hay | televisión en las habitaciones? |
|---|---|
| **Hay** | televisión y música ambiental |

**4 Hacer** (weather)

| **hace** | (mucho)<br>(bastante) | calor<br>frío<br>sol<br>viento |
|---|---|---|

Note: **llueve** (it rains), **nieva** (it snows).

**5**   **Possessive adjectives**

| | |
|---|---|
| **nuestra** | habitación |
| **nuestras** | habitaciones |
| **nuestro** | hotel |
| **nuestros** | hoteles |

(de nosotros)

| | |
|---|---|
| **vuestra** | casa |
| **vuestras** | casas |
| **vuestro** | teléfono |
| **vuestros** | teléfonos |

(de vosotros)

| | |
|---|---|
| **su** | casa |
| **sus** | casas |

(de ellos, de ellas, de ustedes)

**6**   **Todo**

| | |
|---|---|
| **todo** | el día |
| **toda** | la noche |
| **todos** | los días |
| **todas** | las noches |

**7**   **Prepositions + pronoun**

| | |
|---|---|
| para | **mí** |
| por | **ti** |
| sin | **él, ella, usted** |
| de | **nosotros** |
| | **vosotros** |
| en | **ellos, ellas, ustedes** |

Note:  **conmigo, contigo, consigo.**

**8**   **Intensifiers**

| | |
|---|---|
| **bastante** | cerca |
| **muy** | lejos |

| | | |
|---|---|---|
| hace | **mucho** | calor |
| | **un poco de** | frío |

| | |
|---|---|
| mucho/poco | tiempo |
| mucha/poca | gente |
| muchos/pocos | días |
| muchas/pocas | personas |

# Unidad 5

# ¿DONDE ESTA?

## A Asking and giving directions: streets, cities and countries

### Dialogue

Pilar Ramírez is a hotel receptionist in a small town in Catalonia, Spain. Hotel guests often come up to Pilar to ask for directions. Study these conversations between her and some of the guests.

1 *Señor*   Buenos días señorita. ¿Hay algún mercado por aquí?
  *Pilar*   Sí, hay uno en la Calle Monistrol.
  *Señor*   ¿Y dónde está la Calle Monistrol?
  *Pilar*   Está a la derecha, al final de esta calle.
  *Señor*   Gracias.
  *Pilar*   De nada.

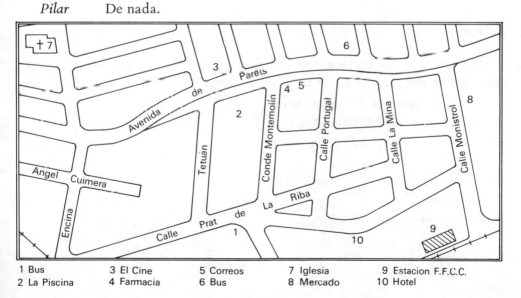

| | | | | |
|---|---|---|---|---|
| 1 Bus | 3 El Cine | 5 Correos | 7 Iglesia | 9 Estacion F.F.C.C. |
| 2 La Piscina | 4 Farmacia | 6 Bus | 8 Mercado | 10 Hotel |

**2**  Señora   ¿Dónde está Correos,
                 por favor?

   Pilar     Está en la Avenida de
                 Parets, entre Conde
                 Montemolín y la Calle
                 Portugal.

   Señora   ¿Tiene usted un plano de
                 la ciudad?

   Pilar     Sí, aquí tiene usted. Mire,
                 éste es el hotel y aquí está
                 Correos.

   Señora   Muchas gracias.

   Pilar     No hay de qué.


**3**  Señor    ¿Hay alguna farmacia por aquí?

   Pilar     Sí, hay una en la Avenida de Parets, al lado de Correos, a la
                 izquierda.

   Señor    ¿Está lejos?

   Pilar     No, está bastante cerca. A unos cinco minutos de aquí.

   Señor    Gracias.


## Practice

**1**  Study the map on the previous page, then match each of the sentences
   below with the place or street to which it refers.

   1  Está en la Avenida de Parets, entre
       Tetuán y Conde Montemolín.                    . . . . . . . . . . . . . . . . . . . . . .

   2  Está en la Avenida de Parets, enfrente
       de la piscina.                                          . . . . . . . . . . . . . . . . . . . . . .

   3  Está a la derecha, entre Portugal y
       Monistrol.                                               . . . . . . . . . . . . . . . . . . . . . .

   4  Está al lado de la farmacia.                    . . . . . . . . . . . . . . . . . . . . . .


   (a)  Calle La Mina
   (b)  La piscina
   (c)  Correos
   (d)  El cine

**2**  A group of Spanish speakers is visiting your company. As you speak Spanish, you have been asked to look after them. One of the visitors comes up to you to ask you where various places are. Answer his questions by following the instructions below.

Useful words and phrases for asking and giving directions:

| | |
|---|---|
| algún banco (masculine) | *any bank* |
| alguna estación (feminine) | *any station* |
| a la izquierda/a la derecha | *on the left/right* |
| está lejos/cerca | *it's far/near* |
| está a 5 minutos/a dos calles de aquí/a dos kilómetros | *it's 5 minutes/two streets/two km from here* |
| al lado de/enfrente de/al otro lado de/entre | *next to here/opposite/on the other side of/ between* |
| la estación de metro/la parada del autobús | *the underground station/the bus stop* |

| | |
|---|---|
| *Señor* | ¿Hay algún banco por aquí? |
| *Usted* | (*Say there is one on the left at the end of this street.*) |
| *Señor* | ¿Está lejos? |
| *Usted* | (*Say it is only three minutes away from here.*) |
| *Señor* | Y Correos, ¿dónde está? |
| *Usted* | (*Say it is next to the bank, on the right.*) |
| *Señor* | ¿Hay alguna estación de metro por aquí? |
| *Usted* | (*Say the subway station is far from here, but there is a bus into town (hacia el centro), bus number 5. The bus stop is across the road.*) |
| *Señor* | Muchas gracias. |

**3**  Look at the table and the map of Spain on page 46. Then answer the questions which follow, using sentences like these:

Está en el norte/sur/este/oeste
        nor(d)este/noroeste
        sudeste/sudoeste or suroeste
        centro
Está a cien kilómetros (de Madrid)

| Distancias | | | km |
|---|---|---|---|
| Madrid | a | Toledo | 70 |
| Madrid | a | Barcelona | 620 |
| Barcelona | a | Valencia | 355 |
| Bilbao | a | La Coruña | 633 |

(a) ¿Dónde está Toledo? ¿A qué distancia está de Madrid?
(b) ¿Dónde está Barcelona? ¿A qué distancia está de Madrid?
(c) ¿Dónde está Valencia? ¿A qué distancia está de Barcelona?
(d) ¿Dónde está La Coruña? ¿A qué distancia está de Bilbao?

**4** A Spanish person is visiting you at home. She does not know your town well and is asking you for directions. Answer her questions.

(a) ¿Dónde está la parada de autobuses (o estación de metro) más cercana?
(b) ¿Dónde está Correos?
(c) ¿Hay alguna Casa de Cambio (o banco) por aquí?
(d) ¿Dónde está la farmacia más próxima?
(e) ¿Hay algún supermercado por aquí?
(f) ¿Hay alguna tintorería cerca de aquí?

# B   Asking and giving directions: within buildings

## Dialogue

Paul Richards, a business executive, is in Spain. Today he has come to see Sr. Carlos García at his office in Madrid.

| | |
|---|---|
| *Sr. Richards* | Buenas tardes. ¿Está el señor García? |
| *Recepcionista* | Sí, sí está señor. ¿De parte de quién? |
| *Sr. Richards* | De parte de Paul Richards, de Londres. |
| *Recepcionista* | Ah sí, el señor García le espera. Su oficina es la número cuatrocientos diez. Está en el cuarto piso, al fondo a la izquierda. |
| *Sr. Richards* | ¿Dónde está el ascensor? |
| *Recepcionista* | Está aquí, a la mano derecha. |
| *Sr. Richards* | Gracias. |

## Practice

**1** Get together with another student and make up similar dialogues using this information.

| Nombre | Oficina Nº. | Piso |
|---|---|---|
| Srta. Carmona | 320 | 3° |
| Sr. Sebastián | 615 | 6° |
| Sra. Andrade | 225 | 2° |

**2** Look at the plan on page 48 of a department store in Mexico City and then answer the questions which follow.

Use some of these phrases in your replies:
Enfrente de, al lado de, al fondo de, al final de, junto a, entre, en el centro, a la mano derecha, a la mano izquierda, en la planta baja, en el primer, segundo piso, etc.

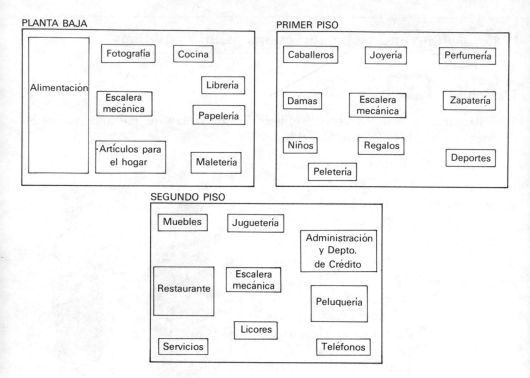

PLANTA BAJA

Alimentación | Fotografía | Cocina | Librería | Escalera mecánica | Papelería | Artículos para el hogar | Maletería

PRIMER PISO

Caballeros | Joyería | Perfumería | Damas | Escalera mecánica | Zapatería | Niños | Regalos | Deportes | Peletería

SEGUNDO PISO

Muebles | Juguetería | Administración y Depto. de Crédito | Restaurante | Escalera mecánica | Peluquería | Licores | Servicios | Teléfonos

(a)  ¿Dónde está el departamento para caballeros?
(b)  ¿Dónde está el departamento para damas?
(c)  ¿Dónde esta el departamento para niños?
(d)  ¿Dónde esta el departamento de muebles?
(e)  ¿Dónde están la administración y el departamento de crédito?
(f)  ¿Dónde están los servicios?  ¿Los teléfonos?
(g)  ¿Dónde está la zapatería?
(h)  ¿Dónde está la librería?

## 3  Writing

Read this extract from a letter giving directions.

> La compañía está en la Avenida Los Insurgentes, 522, entre la Calle San Martín y la Calle Guatemala, al lado del Banco de la Nación. Mi oficina es la número 550 y está en el quinto piso . . .

A Spanish person is coming to your office, house or apartment for the first time. Write a similar note saying where it is.

**4**  Study this plan of a house and answer the questions which follow.

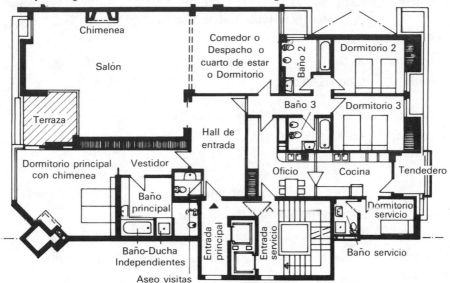

(a)  ¿Dónde está el dormitorio 2?  ¿Y el dormitorio 3?
(b)  ¿Dónde está el comedor?
(c)  ¿Dónde está el salón?
(d)  ¿Dónde está la cocina?
(e)  ¿Dónde está el cuarto de baño principal?  ¿Y el baño 2?
(f)  ¿Dónde está la terraza?
(g)  ¿Dónde está el dormitorio de servicio?

Now describe the house or apartment where you live:

(a)  ¿Dónde está?
(b)  ¿Cuántos pisos tiene?
(c)  ¿Cuántas habitaciones tiene?
(d)  ¿Dónde está cada habitación?

# Listening comprehension

You are at the Tourist Office in a Spanish town waiting to get some brochures
and a map of the town. While you wait you hear some people asking for
directions. There is a lot of traffic noise and you can't hear every word. Listen
to the conversations carefully and fill in the missing words in this text.

(a) *Señor 1*  Perdone. ¿Hay . . . . . . . . . banco . . . . . . . . . . aquí?

*Empleada*  Sí, hay . . . . . . . . . . . al final de la . . . . . . . . . . . de Nuestra
Señora del Carmen, esquina de Jaime I.

*Señor 1*  Gracias.

*Empleada*  De nada.

(b) *Señora*    ¿Dónde . . . . . . . . . Correos, por favor?

*Empleada*    Está . . . . . . . . . . la Calle del Sol, . . . . . . . . . la Avenida Argentina y la Calle Calvo Sotelo.

*Señora*    ¿Está muy lejos?

*Empleada*    Está a . . . . . . . . . diez . . . . . . . . . de aquí.

*Señora*    Gracias. Adiós.

(c) *Señor 2*    Buenos días. ¿Dónde está la Telefónica?

*Empleada*    La Telefónica está . . . . . . . . . . . poco . . . . . . . . . de aquí.
Está al . . . . . . . . . de la Avenida Francia, . . . . . . . . . la Plaza España.

*Señor 2*    ¿Hay . . . . . . . . . autobús . . . . . . . . . la Plaza España?

*Empleada*    Sí, el número . . . . . . . . . por la Plaza España.

*Señor 2*    ¿Dónde . . . . . . . . . la . . . . . . . . . ?

*Empleada*    Está a la . . . . . . . . . , al otro . . . . . . . . . de la calle.

*Señor 2*    . . . . . . . . . gracias.

*Empleada*    No hay de qué.

Get together with another student and make up similar conversations asking and answering questions about places in your own town.


# Reading comprehension

### Hispanoamérica

Hispanoamérica es el nombre que se da a las antiguas colonias españolas de Norte, Centro y Sudamérica. Todas ellas son hoy repúblicas independientes, con excepción de Puerto Rico, Estado Asociado a los Estados Unidos de América.

Al Sur de los Estados Unidos está México. México tiene hoy una población de 72 millones de habitantes y su capital, México, D.F. (Distrito Federal), con 17 millones es una de las ciudades del mundo con mayor población y de más rápido crecimiento.

Los países de habla expañola en Centroamérica son: Guatemala, El Salvador, Honduras, Nicaragua, Costa Rica y Panamá. La mayoría de ellos son países muy pequeños. En el Caribe están Cuba, la República Dominicana y Puerto Rico. En la América del Sur o Sudamérica se encuentran Venezuela, Colombia, Ecuador, Perú, Bolivia, Chile, Argentina, Uruguay y Paraguay.

El país más grande de la América del Sur y el quinto país más grande del mundo es el Brasil, donde se habla portugués.

52

## Los hispanoamericanos

La mayor parte de los hispanoamericanos son mestizos, es decir, son una mezcla de español e indígena. También hay en Hispanoamérica gentes de otros orígenes: negros, europeos (italianos, alemanes, británicos, etc.) y asiáticos (japoneses, chinos).
En los Estados Unidos hay una considerable población de origen hispánico, principalmente cubanos, mexicanos y puertorriqueños. Su número se calcula en varios millones. Florida, Texas y California son estados donde vive un gran número de personas de habla española.

Una policía de tráfico mexicana

**1** Answer in English:

(a) What does the word *Hispanoamérica* stand for?

(b) Where is Mexico?

(c) What is the population of Mexico?

(d) How many Spanish-speaking countries are there in Central America?

(e) Where is Cuba? Where is the Dominican Republic?

(f) Which is the largest country in South America?

**2** Translation

Translate into English the paragraph: "En los Estados Unidos ... de habla española".

## Summary

**A** Asking and giving directions: outside

(i) ¿Hay algún mercado por aquí? Sí, hay uno en la Calle Monistrol.

(ii) ¿Dónde está la Calle Monistrol? Está a la derecha, al final de esta calle.

(iii) ¿Dónde está Toledo? Está en el centro de España.

(iv) ¿A qué distancia está de Madrid? Está a 70 km de Madrid.

¿Dónde está?　53

**B** Asking and giving directions: inside

(i) ¿Cuál es la oficina del Sr. García? Es la número 410.

(ii) ¿Dónde está la oficina del Sr. García? Está en el cuarto piso, al fondo a la izquierda.

## Grammar

1 **Alguno**, -a, -os, -as

| (masculine singular) | **algún** | mercado |
|---|---|---|
| (feminine singular) | **alguna** | farmacia |
| (masculine plural) | **algunos** | turistas |
| (feminine plural) | **algunas** | personas |

2 **Adverbial phrases**

| | lejos | de aquí |
|---|---|---|
| | cerca | del banco |
| | enfrente | de la plaza |
| Está | al lado | de Correos |
| | junto | a la farmacia |
| | al final | de la calle |
| | al fondo | del pasillo |

3 **Demonstrative adjectives** (this, these)

| este | hotel |
|---|---|
| esta | calle |
| estos | hoteles |
| estas | calles |

4 **Demonstrative pronouns**
este hotel → **éste**, esta calle → **ésta**
estos hoteles → **éstos**, estas calles → **éstas**

5 **Preposition 'a'**

| Está | a | cinco minutos de aquí |
|---|---|---|
| | | 70 km de Madrid |
| | | 2 calles de aquí |

# Unidad 6

# HAY QUE HACER TRANSBORDO

## A Asking and giving information about transportation

### Dialogue

**1** On a street in Madrid, Paul Richards stops a passer-by to ask for directions.

*Sr. Richards* ¿Sabe usted si hay alguna estación de metro por aquí?

*Transeúnte 1* Lo siento, no sé. No soy de aquí.

*Sr. Richards* (*Stopping another passer-by*) Perdone, ¿hay alguna estación de metro por aquí?

*Transeúnte 2* No, por aquí no hay ninguna. La estación más cercana es la de Goya.

*Sr. Richards* ¿Está muy lejos?

*Transeúnte 2* Está a unos veinte minutos a pie. Pero el autobús número cinco pasa por Goya. La parada está en esa esquina.

*Sr. Richards* Gracias.

*Transeúnte 2* De nada.

**2** At the ticket office. (*Estación de Goya*)

*Sr. Richards* ¿Qué línea tengo que tomar para ir a República Argentina?

*Empleada* Tiene que tomar la línea que va a Esperanza.

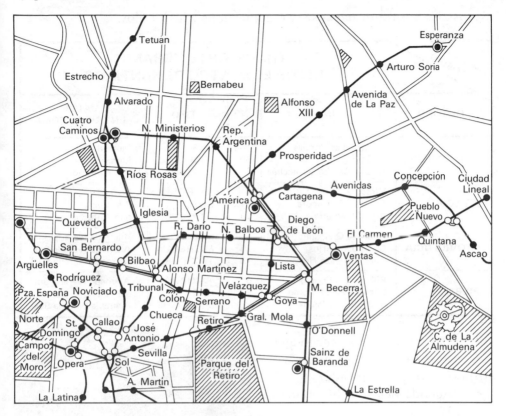

| Sr. Richards | ¿Hace falta hacer transbordo? |
|---|---|
| Empleada | Sí, hay que hacer transbordo en Diego de León. Allí tiene que tomar la línea que va a Cuatro Caminos. Esa pasa por República Argentina. |
| Sr. Richards | Gracias. |

## Practice

**1** Study the map of the Madrid 'metro', then get together with another student and make up conversations like this:

You are at *Estación Sol.*

| Pregunta | ¿Qué línea tengo que tomar para ir a *(Retiro)*? |
|---|---|
| Respuesta | Tiene que tomar la línea que va a *(Ventas).* |
| Pregunta | ¿Hace falta hacer transbordo? |
| Respuesta | No, no hay que hacer transbordo. Va directo. (*Or:* Sí, hay que hacer transbordo en ...) |

**2**  Study this bus route and answer the questions which follow.

| *turismo* TRANSPORTE URBANO DESDE EL CENTRO DE SANTIAGO | | | | |
| --- | --- | --- | --- | --- |
| **DESTINO** | **LINEA** | **Nº** | **TIPO** | **CALLE EN QUE SE TOMA** |
| **LAS CONDES** | Centro—Las Condes | 104 | BUS | Merced |
| | El Golf | 50 | MICROBUS | Merced |
| | La Dehesa—Lo Barnechea | 4 | TAXIBUS | San Antonio |
| **VITACURA** | Vitacura | | MICROBUS | Merced |
| | Centro—Tabancura | 112 | BUS | Sta. Lucía |
| | Villa El Dorado | 28 | TAXIBUS | San Antonio |
| **PROVIDENCIA** | Avda. B. O'Higgins | 4 | MICROBUS | Alameda (vereda Sur) |
| | Canal San Carlos | 78 | MICROBUS | Alameda (vereda Sur) |
| | Tobalaba—Las Rejas | 18 | TAXIBUS | Alameda (vereda Sur) |
| **BILBAO** | Bilbao—Lo Franco | 6 | TAXIBUS | Alameda (vereda Sur) |
| | Bilbao—Villa Portales | 2 | BUS | Merced |
| | Avda. B. O'Higgins | 5 | MICROBUS | Alameda (vereda Sur) |

(*a*)  ¿Qué autobús (*bus*) tengo que tomar para ir a Las Condes?

(*b*)  ¿Dónde está la parada?

(*c*)  ¿Adónde va el autobús número 112?

(*d*)  ¿En qué calle hay que tomar el autobús que va a la Avenida Bilbao?

(*e*)  ¿El microbús número 5 pasa por Alameda?

(*f*)  ¿Qué microbuses van a la Avenida Providencia?

**3**  Study these questions and match each one with the corresponding answer below:

*Preguntas*

*1*  ¿Sabe usted dónde está la estación?

*2*  ¿Cuál es el tren que va a Zaragoza?

*3*  ¿Por dónde pasa el autobús número doce?

*4*  ¿Dónde está la parada?

*5*  ¿Adónde va este autocar?

*6*  ¿Va usted a pie?

*7*  ¿Hay algún estacionamiento por aquí?

*8*  ¿Hay que hacer transbordo?

*Respuestas*

(a)  No, por aquí no hay ninguno. El más cercano está en la plaza.

(b)  No hace falta. Va directo.

(c)  No, no sé dónde está. No soy de aquí.

(d)  No, voy en coche.

(e)  Pasa por la Avenida Santa María.

(f)  Va a Granada.

(g)  Es ése. El del segundo andén.

(h)  La del doce está en la esquina.

| LLEGADAS LARGO RECO | | | |
|---|---|---|---|
| tren | procedencia | | llegada |
| EXPRESO | ALGECIRAS | 11.15 | 12 |
| TER | CASTELLON | 14.06 | |
| SEMIDIRECTO | JAEN | 14.21 | |
| ELECTROTREN | BILBAO | 14.50 | |
| ALGO | IRUN | 14.51 | |
| OMNIBUS | ZARAG PAMPLO | 17.20 | |
| RIA EXP. | IRUN | 17.54 | |
| EXP-TER | LISBOA | 19.09 | |

**4**  An English-speaking colleague is going to Spain on vacation and would like to return home through Paris by train. A Spanish friend has sent him the following rail travel information and he would like you to clarify one or two points for him. Answer his questions in English.

# Para viajar al extranjero.

A Francia, sin transbordo en la frontera, en el Talgo Barcelona-París, con coches-cama de todo tipo —camas individuales, dobles y turísticas— y servicio de cafetería.
O, desde Madrid, también sin transbordo, en el Puerta del Sol Madrid-París, con 1ª y 2ª clase, camas en sus tres modalidades, literas, servicio de restaurante y autoexpreso.

A Portugal, en el Lusitana Expreso, con servicio de restaurante, 1ª y 2ª clase, literas y camas

en sus tres modalidades, o de día, en el Lisboa Expreso Ter, con 1ª y 2ª clase.

A Suiza, en el catalán Talgo Barcelona-Ginebra, con servicio de restaurante y cafetería.

(a)  Do I have to change trains when going from Madrid to Paris?

(b)  What is the name of the train?

(c)  Can I get a bed on the train?

(d)  Is there a dining car?

# B Asking and telling the time and talking about specific times: travel

## Dialogue

Sr. García is traveling to Mexico. Before leaving for the airport he talks to his personal assistant.

*Sr. García*   ¿Qué hora es?

*Secretaria*   Son las doce.

*Sr. García*   ¿A qué hora sale el avión para México?

*Secretaria*   Sale a las dos y cuarto. Tiene que estar en el aeropuerto a la una y cuarto. ¿Necesita un taxi?

*Sr. García*   No hace falta, gracias. Voy con mi mujer en el coche. Ella viene a las doce y media.

## Practice

**1**   Ask and tell the time. Like this:

¿Qué hora es?

Es la una.                    Es la una y cuarto.                    Son las dos menos cuarto.

Son las dos.

Son las dos y media.

Son las tres.

Son las seis y diez.

Son las ocho y veinticinco.

Son las diez menos veinte.

**2** You are travelling from Spain to France on the Talgo, a high-speed train. Study this information provided by RENFE (Red Nacional de Ferrocarriles Españoles) and answer the questions which follow.

# DESTINO ...PARIS

**Cambio automático de vías.**

Gracias a su cambio automático de ancho de vías, la frontera la pasa usted sin notarlo.

**Todos los días, a las 21'50 en la Estación de Francia.**

Con un horario previsto especialmente para que usted pueda aprovechar

mejor todo el día siguiente en París, el Barcelona-Talgo sale todos los días por la noche de la Estación de Francia.

**A París hay que llegar en forma.**

Cenar en el tren, tomar una copa..., y dormir tranquilamente, disfrutando de todas las ventajas del Barcelona-Talgo, en el que cada

detalle está pensado para su tranquilidad y confort.

**Amanecer en el centro de París.**

A la mañana siguiente, el Louvre, el Sena, Notre Dame..., todo París a su alcance. El Barcelona-Talgo le deja en la Estación de Austerlitz, en el mismo centro de la ciudad.

HORARIOS

| SALIDA | LLEGADA |
|---|---|
| BARCELONA-Tno. 21.50 h. | PARIS-Austerlitz 9,30 h. |
| PARIS-Austerlitz 21,00 h. | BARCELONA-Tno. 8,55 h. |

(a) ¿A qué ciudad de Francia va el Talgo?
(b) ¿A qué hora sale de Barcelona?
(c) ¿De qué estación sale?
(d) ¿A qué estación llega?
(e) ¿A qué hora sale de París a Barcelona?
(f) ¿A qué hora llega a Barcelona?

**3** You work for an airline. Spanish speakers often come to ask for information about flights to South America. Look at the table below and answer the questions.

# PROGRAMA VUELOS A SURAMERICA

**MIAMI/LIMA**

**MIAMI/BOGOTA**

TODOS LOS *DOMINGOS*

TODOS LOS *VIERNES*

| | |
|---|---|
| MAYO: | 31 |
| JUNIO: | 7, 14, 21, 28 |
| FEBRERO: | 6, 20, 27 |
| JULIO: | 5, 12, 19, 26, 30 |
| MARZO: | 13, 27 |
| AGOSTO: | 2, 3, 9, 16, 23, 30 |
| ABRIL: | 3, 10, 16, 24 |
| SEPTIEMBRE: | 6, 13, 20, 27 |

*HORARIO*: 0910/1600

*HORARIO*: 0850/1550

| lunes |
| martes |
| miércoles |
| jueves |
| viernes |
| sábado |
| domingo |

**Pasajero 1**

(*a*)  ¿Qué días hay avión a Bogotá?
(*b*)  ¿Cuántos vuelos hay?
(*c*)  ¿De dónde salen los vuelos?
(*d*)  ¿A qué hora sale cada vuelo?

**Pasajero 2**

(*a*)  ¿Hay vuelos a Lima los viernes?
(*b*)  ¿Qué día hay vuelos?
(*c*)  ¿Cuántos vuelos hay?
(*d*)  ¿A qué hora salen?

**4** Translation

The following letter has been received by your company and as the manager does not understand Spanish he has asked you to translate it for him.

---

# HOTELES UNIDOS

Apartado 347 — Tel. 541 27 42 —
Avda. del Mar 32 — Málaga

Málaga, 24 de mayo de 19 ..

Johnson & Co. Inc.
1550 Upton St. NW
Washington, D.C. 20008
E.E.U.U.

Muy señores nuestros:

      La presente tiene por objeto anunciarles el viaje a Washington, D.C. de nuestro representante, el señor Gustavo Lagos. El señor Lagos viaja en el vuelo 521 de Aerolíneas Hispánicas el proximo lunes 31 de mayo. Sale de Málaga a las 8.30 y llega a Washington a las 13.30, hora local.

                Les saluda muy atentamente.

                   Ramón Pérez

                  Director General
                    Hoteles Unidos

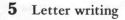

---

**5** Letter writing

Patricia Davies, a representative of Johnson & Co. Inc., is traveling to Málaga to have talks with Sr. Ramón Pérez. Write a letter similar to the one above announcing her visit and giving details of the flight.

62

## Listening comprehension

**1** You are working at a travel agency in Mexico and you are asked to arrange some bookings by a colleague. Fill in the tables below with the travelers' requirements.

Nombre: Sr. Cristóbal Valdés

| Destino | Fecha y hora | Alternativa | Fecha de regreso | Clase |
|---------|--------------|-------------|------------------|-------|
|         |              |             |                  |       |

Nombre: Sr. y Sra. Ramos

| Destino | Fecha y hora | Línea Aérea | Fecha de regreso | Clase |
|---------|--------------|-------------|------------------|-------|
|         |              |             |                  |       |

**2** Sr. Ramos comes to confirm the details of his flight. Answer his questions:
 (a) ¿Para qué fecha es mi vuelo?
 (b) ¿A qué hora sale el avión?
 (c) ¿Cuál es la fecha de regreso?
 (d) ¿Qué línea aérea es?
 (e) ¿A qué hora sale de Nueva York?

## Reading comprehension

### El transporte en España

El relieve geográfico de España, particularmente sus montañas, hacen difíciles y costosas las comunicaciones entre distintos puntos del país. Madrid está conectada con las ciudades más importantes a través de un sistema radial de carreteras que salen desde la capital hacia diversos puntos de la Península. Pero las comunicaciones entre las provincias y entre las ciudades y pueblos del interior y de la periferia, son en general deficientes. Frecuentemente hay que viajar muchas horas para cubrir distancias relativamente cortas. A diferencia de otros países de Europa y de los Estados Unidos, España no tiene una red nacional de autopistas. Hace falta construir más vías de comunicación. Actualmente hay planes para construir una autopista entre San Sebastián, por el norte, y Sevilla, por el sur.

# RENFE (Red Nacional de Ferrocarriles Españoles)

Renfe cuenta con un amplio servicio nacional e internacional. En muchas partes del país el servicio es lento y poco eficiente en general. Pero las ciudades principales están ahora unidas por un servicio de trenes rápido y moderno. El Talgo, por ejemplo, es un tren muy rápido que alcanza una velocidad de doscientos kilómetros por hora. El Talgo une a Madrid con Sevilla, Barcelona y otras ciudades principales. También hay un servicio internacional que va a París, Lisboa y Ginebra.

**Intercity Madrid-Valencia-Castellón y v.v.**

Especialmente planeado para viajes puente entre grandes núcleos urbanos. Con música ambiental, climatización, insonorización, azafatas, distribución de prensa y revistas, servicio de comidas, juegos «de mesa», etc. Cubre el recorrido Madrid-Valencia en cinco horas, a una velocidad media aproximada de 110 Km/h.

**Corail Madrid-Gijón y v.v.**

Otro nuevo tren —muy utilizado en toda Europa— actualmente en servicio entre Madrid y Gijón, y que próximamente se implantará en otros muchos recorridos. Con casi cuatrocientas plazas. Restaurante, cafetería, azafatas, climatización, insonorización, asientos regulables, etc.

**Talgo Pendular Madrid-Zaragoza-Barcelona y v.v.**

Un nuevo Talgo con suspensión articulada pendular. Ocho horas Madrid-Barcelona y cuatro a Zaragoza. Con servicio de restaurante y cafetería, música ambiental y periódicos.

**Expreso.**

Concebido para largos recorridos de noche. Con servicio de literas y coches-cama, además de plazas sentadas y auto-expreso, con plataforma para los automóviles. En servicio por toda la península.

**Ter.**

Tren de tracción diesel para largos y medios recorridos. Concebido para trayectos de día. Con cafetería y aire acondicionado. En servicio para todo el país.

# Iberia

Iberia es la línea española nacional e internacional. Iberia cuenta con una importante flota de modernos aviones que viajan a las principales capitales del mundo. Existe un excelente servicio de vuelos entre España y Latinoamérica. Aviaco y Spantax son también líneas españolas. A causa de las deficiencias de las comunicaciones terrestres, el transporte aéreo es muy importante en España. Entre Madrid y Barcelona, por ejemplo, existe un puente aéreo con varios vuelos cada día.

| SALIDA | | LLEGADA | |
|---|---|---|---|
| MADRID | 16.40 | ABIDJAN | 21.00 |
| ABIDJAN | 22.00 | LAGOS | 24.20 |
| LAGOS | 01.20 | MADRID | 06.20 |

# 1 Summary

You have been asked to assist in the publication of a brochure on Spain for English speakers. Write a brief summary in English of the passage "El transporte en España", for inclusion in that brochure.

# 2

You are working for a company which often sends people to Spain on business for long periods. Your boss needs some information regarding Spanish railways. Look at the text and answer her questions:

(a) How long does it take to travel from Madrid to Valencia?
(b) Does the Talgo between Madrid and Barcelona stop anywhere?
(c) How long does it take to travel between Madrid and Barcelona? Is there a dining car?

# 3 Translation

Translate into English the passage "Iberia".

## Summary

## A Asking and giving information about transportation

(i) ¿Sabe usted si hay alguna estación de metro por aquí?
La estación de metro más cercana es la de Goya.

(ii) ¿Qué línea tengo que tomar para ir a República Argentina?
Tiene que tomar la línea que va a Esperanza.

(iii) ¿Por dónde pasa el autobús número doce?
Pasa por la Avenida Santa María.

(iv) ¿Hace falta hacer transbordo?
Sí, hay que hacer transbordo.

## B Asking and telling the time

¿Qué hora es? Es la una.

## C Talking about specific times: travel

¿A qué hora sale el avión para México?
Sale a las dos y cuarto.

## Grammar

**1**   Tener que + infinitive

| tengo<br>tienes<br>tiene<br>tenemos<br>tenéis<br>tienen | que | estar en el aeropuerto a la una<br>hacer transbordo<br>tomar el autobús número doce |
|---|---|---|

**2**   Hacer falta, hay que + infinitive

| hace falta<br>hay que | hacer transbordo<br>construir más autopistas |
|---|---|

**3**   Ir, saber, venir (present tense indicative)

| Ir | |
|---|---|
| voy<br>vas<br>va<br>vamos<br>vais<br>van | a pie<br>en coche<br>en tren |

| Saber | | |
|---|---|---|
| No | sé<br>sabes<br>sabe<br>sabemos<br>sabéis<br>saben | dónde está<br>qué hora es<br>a qué hora sale |

| Venir | |
|---|---|
| vengo<br>vienes<br>viene<br>venimos<br>venís<br>vienen | en avión<br>en coche<br>de Madrid |

**4**   Ser (time)          ¿Qué hora es?

| es | la | una |
|---|---|---|
| son | las | dos<br>tres |

## 5 Demonstrative adjectives (that, those)

| | |
|---|---|
| ese | vuelo |
| esa | esquina |
| esos | coches |
| esas | horas |

## 6 Demonstrative pronouns

| |
|---|
| ése — ésa |
| ésos — ésas |

## 7 Ninguno, -a

| | |
|---|---|
| ningún | tren |
| ninguna | estación |

## 8 Preposition + question word

¿**A qué** hora sale el avión?
¿**De qué** estación sale?
¿**A qué** ciudad va?
¿**Adónde** va?

## 9 Para

Destination: El avión **para** México sale a las dos y cuarto.
Date: ¿**Para** qué fecha es mi vuelo?
Purpose: ¿Qué línea tengo que tomar **para** ir a Retiro?

## 10 Por

Through: Pasa **por** Goya.
Location: **Por** el norte/sur, etc.

# Unidad 7

# ES MUY COMODO

**Dialogue**

Fernando Giménez has bought a new car. In this conversation he describes his car to his friend Gloria.

| | |
|---|---|
| *Fernando* | ¡Hola! ¿Qué hay? |
| *Gloria* | ¡Hola! ¿Qué tal tu coche? |
| *Fernando* | Estupendo. Estoy muy contento con él. Es muy cómodo y económico. |
| *Gloria* | ¿Qué marca es? |
| *Fernando* | Es un Seat 133. |
| *Gloria* | Es nuevo, ¿no? |
| *Fernando* | Sí, es nuevo. |
| *Gloria* | ¿De qué color es? |
| *Fernando* | Es blanco. Tu coche también es un Seat, ¿verdad? |
| *Gloria* | Sí, ahora tengo un 127. |
| *Fernando* | ¿Y qué tal es? |
| *Gloria* | Es bastante bueno. |
| *Fernando* | Es aquel coche que está allí, ¿no? |
| *Gloria* | Sí, aquél azul. |

## Practice

**1**  What is Fernando's car like? Use his description of the car to fill in this table:

| Marca | Modelo | Color | Características |
|-------|--------|-------|----------------|
|       |        |       |                |

Now answer these questions about Fernando's car:

(*a*)  ¿Qué marca es el coche?
(*b*)  ¿Qué modelo es?
(*c*)  ¿Es nuevo o usado?
(*d*)  ¿De qué color es?
(*e*)  ¿Qué características tiene?

If you have a car, describe it briefly. Use the questions above as a guideline.

**2**  Writing

Study this description of a new car:

| **Marca Veloz** | **Modelo VZ 2500** |
|-----------------|--------------------|
| Vel. máxima | 200 km/h |
| Consumos | |
| A  90 km/h | 8,5 |
| A 120 km/h | 10,2 |
| En ciudad | 16,6 |
| Medidas | |
| Peso en kg | 1.320 |
| Anchura | 1,73 |
| Longitud | 4,58 |

Nuestro nuevo modelo VZ 2500 alcanza una velocidad de 200 kilómetros por hora, consume 8,5 litros de gasolina a 90 kilómetros por hora, 10,2 litros a 120 y un promedio de 16,6 litros en la ciudad. El Veloz modelo VZ 2500 pesa 1.320 kilos y mide 1,73 metros de ancho y 4,58 metros de largo.

Now write a similar paragraph using this information:

| Marca Veloz | Modelo VZ 2000 |
|---|---|
| Vel. máxima | 180 km/h |
| Consumos<br>A   90 km/h<br>A 120 km/h<br>En ciudad | 7,1<br>9,9<br>12,7 |
| Medidas<br>Peso en kg<br>Anchura<br>Longitud | 1.167<br>1,71<br>4,36 |

# 3 Reading

Your company in Spain is buying some microcomputers and you have been studying some relevant literature before making a final decision. Here is some information you ought to know. Read it through and check your understanding by answering the questions which follow.

**¿Qué es un microcomputador?**
El microcomputador es un instrumento que sirve para resolver problemas numéricos como todas las computadoras. Su ventaja es que hoy están al alcance de cualquier persona, y a precios muy económicos. En realidad resuelven problemas matemáticos, por ejemplo, suman y restan. También almacenan información, como registros de inventarios, conta-bilidad, control de personal, etc.

El microcomputador consiste en una pantalla, con un teclado, un medio de almacenamiento interno (unidad de disco magnético o unidad de cassette) y el computador en sí.

Here is some vocabulary you may like to look up and learn:

el computador o la computadora (o el ordenador)
servir (para)
estar al alcance de
sumar/restar/multiplicar/dividir
almacenar información/el almacenamiento
el registro
el inventario
la contabilidad
la pantalla
el teclado

(*a*)  What is a microcomputer?
(*b*)  What can it be used for?
(*c*)  What advantage does it have over other computers?
(*d*)  What specific uses of the microcomputer are mentioned in the text?
(*e*)  What does it consist of?

**4**  On arriving in a Spanish-speaking country you discover that one of your suitcases has been lost. An airline employee asks you to describe the suitcase. Look at this information and answer his questions:

| | |
|---|---|
| **OBJETO PERDIDO:** | una maleta |
| **Tamaño:** | grande |
| **Color:** | marrón |
| **Material:** | cuero |
| **Características especiales:** | lleva las iniciales M. A. |
| **Contenido:** | ropa y artículos de tocador. |

| | |
|---|---|
| *Pregunta* | ¿De qué tamaño es su maleta? |
| *Respuesta* | . . . . . . . . . . . . . . . . . . . . . . . . . . . . . . . . . . . . . . . . |
| *Pregunta* | ¿De qué color es? |
| *Respuesta* | . . . . . . . . . . . . . . . . . . . . . . . . . . . . . . . . . . . . . . . . |
| *Pregunta* | ¿De qué material es? |
| *Respuesta* | . . . . . . . . . . . . . . . . . . . . . . . . . . . . . . . . . . . . . . . . |
| *Pregunta* | ¿Tiene alguna característica especial? |
| *Respuesta* | . . . . . . . . . . . . . . . . . . . . . . . . . . . . . . . . . . . . . . . . |
| *Pregunta* | ¿Qué contiene la maleta? |
| *Respuesta* | . . . . . . . . . . . . . . . . . . . . . . . . . . . . . . . . . . . . . . . . |

Get together with another student and make up similar conversations using some of these words:

| | |
|---|---|
| **OBJETO PERDIDO:** | un bolso, una cartera, un paquete, una máquina fotográfica, una máquina de escribir, un reloj. |
| Tamaño: | grande, pequeño, mide (80) centímetros de largo por (40) de ancho. |
| Color: | verde, azul, rojo, amarillo, gris, blanco, negro, marrón, naranja. |
| Material: | plástico, piel, cuero, papel, madera, oro. |

# B  Describing an organization

## Dialogue

At a trade fair in Barcelona Sr. García talks to a foreign industrialist.

*Industrial*   ¿A qué se dedica su compañía?

*Sr. García*   Nuestra compañía se dedica a la importación y exportación de productos manufacturados y de materias primas.

*Industrial*   ¿Qué tipo de productos exportan?

| | |
|---|---|
| *Sr. García* | Exportamos calzado, artículos de piel en general, muebles, electro-domésticos, artículos de deportes y muchos otros productos. |
| *Industrial* | ¿Sus oficinas están en Barcelona? |
| *Sr. García* | No, nuestras oficinas están en Madrid, pero tenemos agentes en algunos países de Europa, en Latino-américa y en Africa. Aquí tiene usted mi tarjeta. |
| *Industrial* | Gracias. |

## Practice

**1**  Answer these questions about the conversation above:

(*a*)  ¿A qué se dedica la compañía?
(*b*)  ¿Qué tipo de productos exporta?
(*c*)  ¿Dónde están sus oficinas?
(*d*)  ¿Dónde tienen agentes?

## 2  Reading

You are working for an international company. You have been asked to look after a group of students from a Spanish-speaking country who are visiting the company. Part of your responsibility will be to give them general information about the organization and to answer any questions they may have. Read this introduction to a brochure published by the firm and then answer the questions which follow.

# INTRODUCCION
# ¿QUIÉN ES LA GENTE DE SHELL?

Las compañías Shell emplean más de 150.000 personas. Forman una comunidad internacional de más de 100 nacionalidades distintas con especializaciones de todos los tipos. Las compañías Shell emplean más de 30.000 personas tanto en el Reino Unido como en los Estados Unidos. En el otro extremo de la escala, muchas compañías en otros países tienen menos de 1.000 empleados. Las compañías de servicio en Londres y La Haya tienen una nómina de aproximadamente 3.000 cada una y ambas son muy cosmopolitas en su composición.

Shell tiene más de 3.000 empleados de más de 50 nacionalidades diferentes que trabajan fuera de sus propios países. Muchos lo hacen en las compañías Shell. Otros trabajan en empresas conjuntas o terceras empresas, con las que las compañías Shell tienen acuerdos de servicio o de operación. Es muy importante este plantel de personal internacional para mantener los niveles técnicos, sociales y comerciales a través del Grupo.

(Shell International Petroleum Co. Ltd.)

(a)   ¿Cuántas personas emplean las compañías Shell?
(b)   ¿Cuántas nacionalidades hay?
(c)   ¿Cuántas personas trabajan en el Reino Unido y en los Estados Unidos?
(d)   ¿Hay compañías más pequeñas?
(e)   ¿Cuántos empleados trabajan en Londres y en La Haya?
(f)   ¿Hay muchos empleados que trabajan fuera de sus propios países?

74

## 3 Translation

You are a freelance translator in a Spanish-speaking country. You have been asked to translate a Spanish text into English, which will be included in a company information brochure. This is part of that text:

'Industrias Monterrey está integrado por once empresas que emplean un total de 17.300 personas. Las principales instalaciones de Industrias Monterrey están en la ciudad de Monterrey a 915 kilómetros de la ciudad de México. Las tres empresas principales producen automóviles, camiones, autobuses, vagones de ferrocarril, vagones para el transporte colectivo (Metro), etc.'

## 4 Writing

Study this description of a Mexican company:

| Nombre de la empresa | Rimex S.A. |
|---|---|
| País | México |
| Actividad | Producción de materias primas para plásticos y fibras sintéticas |
| Situación | Ciudad de México |
| Personal | 5.500 |
| Filiales | Veracruz, Monterrey |

Rimex S.A. es una empresa mexicana que produce materias primas para plásticos y fibras sintéticas. Rimex S.A., que está en la Ciudad de México, tiene un plantel de 5.500 empleados y tiene filiales en Veracruz y Monterrey.

Now write a similar paragraph using this information:

| Nombre de la empresa | Corpoven S.A. |
|---|---|
| País | Venezuela |
| Actividad | Producción de estructuras metálicas para la construcción |
| Situación | Ciudad de Guayana |
| Personal | 2.200 |
| Filiales | Maracaibo, Caracas |

# Listening comprehension

Listen to this talk given by the public relations consultant of a Mexican bank in which she describes the organization to a group of visiting business people. You are one of those present. Take brief notes in English of the main points of the talk.

# Reading comprehension

### Latinoamérica, parte del Tercer Mundo

Los países latinoamericanos forman parte del llamado Tercer Mundo. Aunque naturalmente existen grandes diferencias entre los distintos países, es necesario clasificar a las naciones de Latinoamérica como países en vías de desarrollo. El Producto Nacional Bruto (P.N.B.) y el ingreso per cápita es muy inferior al de los Estados Unidos y al de los países industrializados de Europa.

## Países monoproductores

La mayoría de los países latinoamericanos son monoproductores, es
decir, sus ingresos provienen casi
exclusivamente de la comercialización
de un solo producto. Esto no permite
a Latinoamérica industrializarse y salir
del subdesarrollo. El problema se
agrava a causa de las frecuentes fluctua-
ciones de los precios en el mercado
internacional. Bolivia depende
principalmente del estaño, Chile del
cobre, Colombia del café, los países
centroamericanos del café y frutos
tropicales, por ejemplo los plátanos.
Venezuela y México son dos países en
rápido proceso de industrialización
gracias a la explotación de su principal
riqueza: el petróleo.

La minería del cobre es la principal actividad
nómica de Chile

Latinoamérica exporta gran parte de
sus materias primas a los países
industrializados de Europa y a los
Estados Unidos. Pero la balanza de
pagos es en general desfavorable a
Latinoamérica, ya que hace falta
importar casi todo tipo de maquinaria,
vehículos y equipo para la
explotación de sus recursos naturales.
También se importan muchos
productos de consumo doméstico
y alimentos.

Una de las principales exportaciones de
Colombia es el café

## 1 Translation

Translate into English the passage "Latinoamérica, parte del Tercer Mundo".

**2**  Answer in Spanish:

(*a*)  ¿Cuál es el principal producto boliviano?

(*b*)  ¿Qué exporta Chile?

(*c*)  ¿Qué países exportan café?

(*d*)  ¿Qué frutos se producen en Centroamérica?

(*e*)  ¿Qué países latinoamericanos tienen petróleo?

(*f*)  ¿Adónde exporta sus materias primas Latinoamérica?

(*g*)  ¿Qué importa Latinoamérica?

## Summary

**A**  Describing an object

(i)  General characteristics:  Es cómodo.
Es económico.

(ii)  Color:  ¿De qué color es?
Es azul.

(iii)  Make:  ¿Qué marca es?
Es un Seat.

(iv)  Weight:  ¿Cuánto pesa?
Pesa 1.320 kg.

(v)  Measurements:  ¿Cuánto mide?
Mide, 1,73 metros de ancho/de largo.

(vi)  Size:  ¿De qué tamaño es?
Es grande.

(vii)  Material:  ¿De qué material es?
Es de cuero.

**B**  Describing an organization

(i)  Describing its work:  ¿A qué se dedica su compañía?
Se dedica a la importación y exportación.

(ii)  Specific function:  ¿Qué tipo de productos fabrican/exportan?
Fabricamos/exportamos calzado.

(iii)  Situation:  ¿Dónde están sus oficinas?
Están en Madrid.

| (iv) Staff: | ¿Cuántos empleados tiene? |
| | Tiene 3.000 empleados. |
| | ¿Cuántas personas emplea? |
| | Emplea 1.000 personas. |
| (v) Branches: | ¿Tiene filiales? |
| | Tiene filiales en Monterrey y Veracruz. |

## Grammar

**1 Radical changing verbs**

(a) e > i

| medir | |
| --- | --- |
| mido | 1,73 m |
| mide | 1.65 m |

| servir | |
| --- | --- |
| sirve | para resolver problemas |
| | para sumar y restar |

(b) o > ue

| resolver |
| --- |

El microcomputador resuelve problemas matemáticos.

Las exportaciones de materias primas no resuelven el problema del subdesarrollo.

**2 Estar** (to express a state of being)

| estoy | contento(s) |
| --- | --- |
| está | bien |
| estamos | mal |
| están | |

**3 Otro, -a, -os, -as**

| otro | coche |
| --- | --- |
| otra | compañía |
| otros | empleados |
| otras | firmas |

**4 Demonstrative adjectives** (that, those)

| aquel coche | aquellos coches |
| --- | --- |
| aquella casa | aquellas casas |

**5 Demonstrative pronouns**

| aquél – aquélla |
| --- |
| aquéllos – aquéllas |

# Unidad 8

# UN CAFE PARA MI

---

**A**  Requesting service: hotel and restaurant reservations

---

### Dialogue

Angela Rodríguez and her husband José are planning to go to a restaurant. Angela telephones the restaurant to book a table.

| | |
|---|---|
| *Camarero* | Restaurante El Faro. ¿Dígame? |
| *Angela* | Quiero reservar una mesa para esta noche. |
| *Camarero* | Sí, cómo no. ¿Para cuántas personas? |
| *Angela* | Para dos. |
| *Camarero* | ¿Y para qué hora? |
| *Angela* | Para las nueve y media. |
| *Camarero* | De acuerdo. Una mesa para dos personas para las nueve y media. ¿A qué nombre? |
| *Angela* | Angela Rodríguez. |
| *Camarero* | Perfectamente. |
| *Angela* | Adiós, gracias. |

79

# Practice

**1** Get together with another student and make up a similar conversation. Here is a restaurant.

**2** On your desk this morning you found the following note from your manager:

> Please phone Hotel El Torero in Seville and book a single room for our representative Mr. John Wilson. He'll be arriving in Seville on February 17th and will be staying there for a week.

You (*Student A*) phone the hotel and make the reservation. The receptionist (*Student B*) answers the phone.

| | |
|---|---|
| *Recepcionista* | Hotel El Torero. ¿Dígame? |
| *Usted* | ............................................... |
| *Recepcionista* | ¿Quiere una habitación individual o doble? |
| *Usted* | ............................................... |
| *Recepcionista* | Individual. Perfectamente. ¿Y para qué fecha la quiere? |
| *Usted* | ............................................... |

| | |
|---|---|
| *Recepcionista* | Muy bien. Entonces, es una habitación individual para una semana a partir del diecisiete de febrero. ¿Cuál es el nombre de la persona? |
| *Usted* | . . . . . . . . . . . . . . . . . . . . . . . . . . . . . . . . . . . . . . . . . . . |
| *Recepcionista* | ¿Cómo se escribe el apellido? |
| *Usted* | . . . . . . . . . . . . . . . . . . . . . . . . . . . . . . . . . . . . . . . . . . . |
| *Recepcionista* | Ah, Wilson. De acuerdo. |
| *Usted* | . . . . . . . . . . . . . . . . . . . . . . . . . . . . . . . . . . . . . . . . . . . |
| *Recepcionista* | De nada. Adiós. |

## 3 At sight translation

You are working at a large hotel. A fellow employee comes up to you with a letter in Spanish and asks you to translate it for him. Here is the letter:

---

Montevideo, 6 de mayo de 19 . .

Barkely Hotel
3057 Commonwealth Ave. N.
Chicago, IL 60657
E.E.U.U.

Muy señores míos:

Les ruego reservarme una habitación doble para quince días a partir del 4 de junio próximo.

Les saluda atte.*

Juan Urrutia

Juan Urrutia
Calle Pocitos 1621, Apto. 30
Montevideo, Uruguay

---

*atte. = atentamente

Note the use of the set phrase *le(s) ruego* (rogar: **o**〉**ue**) + *infinitive* to request something, used frequently in formal letter writing. Here are some further examples:

| | |
|---|---|
| **Le(s) ruego** | pasar por mi oficina . . .<br>enviarme su catálogo . . .<br>mandarme la lista de precios . . .<br>confirmar la reserva . . .<br>informarme sobre . . . |

## 4 Letter writing

You are traveling to Spain on vacation. Write a letter in Spanish booking a room at this hotel.

Specify your requirements:

una habitación doble/individual
con baño/terraza/vista al mar
para (cuatro) días/(una) semana/(un) mes
con desayuno/media pensión/pensión completa

**HOTEL ES PLA\*\***
Crta. San Antonio
Teléfono 34 09 01
SAN ANTONIO ABAD

Situado a la entrada de San Antonio, en el centro turístico del pueblo.

Habitaciones: Todas con cuarto de baño, teléfono, etc.

Servicios: Bar, piscina, salón con TV, etc.

## B   Asking and answering questions about preferences

### Dialogue

Angela and José arrive at the Restaurante El Faro.

| | |
|---|---|
| *José* | Buenas noches. Tenemos una mesa reservada. |
| *Camarero* | ¿A nombre de quién? |
| *José* | De Angela Rodríguez. |
| *Camarero* | Sí, su mesa es ésa, señor. La que está junto a la ventana. (*They sit down and the waiter hands them the menu*) Aquí tienen la carta. |
| *José* | Gracias. |
| *Camarero* | (*Returns to their table*) ¿Qué van a tomar? |
| *Angela* | Para mí espinacas con bechamel. |
| *José* | Yo quiero sopa de picadillo. |
| *Camarero* | ¿Y de segundo? |
| *Angela* | ¿Tienen pescado? |
| *Camarero* | Sí, tenemos lenguado y merluza. |
| *Angela* | Prefiero lenguado. |
| *Camarero* | ¿Cómo lo quiere? ¿Frito, a la plancha ...? |
| *Angela* | Lo prefiero a la plancha. |
| *Camarero* | ¿Algo más? |
| *Angela* | Sí, una ensalada mixta. |
| *Camarero* | ¿Y para usted señor? |
| *José* | Para mí solomillo de cerdo con guarnición de verduras. |
| *Camarero* | ¿Qué van a beber? |
| *José* | Una botella de vino. |
| *Camarero* | ¿Prefieren blanco o tinto? |
| *José* | Un Rioja blanco. |
| *Camarero* | De acuerdo. |

# Practice

**1** Study this menu, then get together with one or more students and make up conversations similar to the one on the previous page.

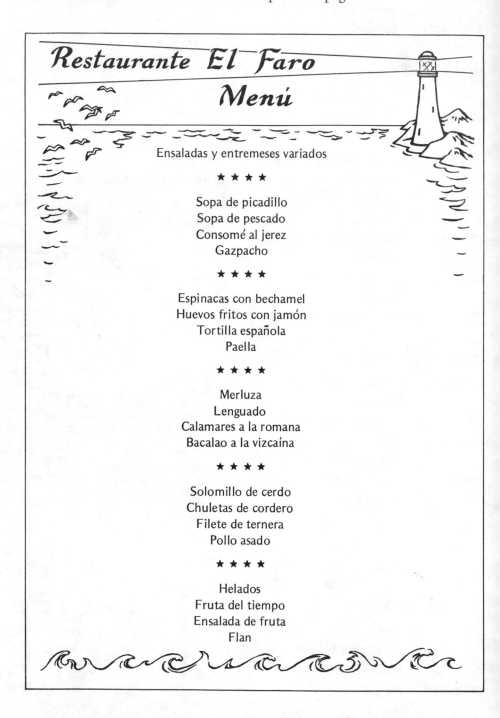

Restaurante El Faro
Menú

Ensaladas y entremeses variados

★ ★ ★ ★

Sopa de picadillo
Sopa de pescado
Consomé al jerez
Gazpacho

★ ★ ★ ★

Espinacas con bechamel
Huevos fritos con jamón
Tortilla española
Paella

★ ★ ★ ★

Merluza
Lenguado
Calamares a la romana
Bacalao a la vizcaína

★ ★ ★ ★

Solomillo de cerdo
Chuletas de cordero
Filete de ternera
Pollo asado

★ ★ ★ ★

Helados
Fruta del tiempo
Ensalada de fruta
Flan

**2** Study this dialogue between a waiter and a couple in a *café*:

| | |
|---|---|
| *Camarero* | ¿Qué desean tomar? |
| *Ella* | Yo quiero un té con limón. |
| *El* | Para mí un café. |
| *Camarero* | ¿Solo o con leche? |
| *El* | Café solo. |
| *Camarero* | ¿Van a comer algo? |
| *El* | Sí, un bocadillo de jamón. |
| *Ella* | Tarta de manzana para mí. |

Now get together with one or more students and make up similar conversations using words from the list below.

**3** Complete the conversations below using the correct pronoun: *lo, la, los, las*, according to the number (singular or plural) and gender (masculine or feminine) of the word to which it refers.

(*a*) **A** Quiero un bistec.
  **B** ¿Cómo . . . . . . . . . quiere?
  **A** . . . . . . . . . prefiero a la plancha.
(*b*) **A** Para mí patatas.
  **B** ¿Cómo . . . . . . . . . quiere?
  **A** . . . . . . . . . prefiero fritas.

(c)  **A**  Yo quiero pescado de segundo.
    **B**  ¿. . . . . . . . . . prefiere frito o a la plancha?
    **A**  . . . . . . . . . prefiero frito.

(d)  **A**  Quiero pollo.
    **B**  ¿. . . . . . . . . prefiere asado o guisado?
    **A**  . . . . . . . . . prefiero asado.

(e)  **A**  Para mí un agua mineral.
    **B**  ¿. . . . . . . . . quiere con gas o sin gas?
    **A**  . . . . . . . . . quiero sin gas.

**4**  A group of Spanish executives were asked to reply to the question: *¿Qué prefiere usted hacer en su tiempo libre?* These are their replies in order of preference:

| ¿Qué prefiere usted hacer en su tiempo libre? |
| --- |
| Prefiero leer periódicos y revistas. |
| Prefiero escuchar música. |
| Prefiero ver la televisión. |
| Prefiero hacer deportes. |
| Prefiero leer novelas. |
| Prefiero salir de paseo con mi familia. |
| Prefiero reunirme con mis amigos. |
| Prefiero ir a algún club o restaurante. |

Now number the list above according to your own preferences and add others to the list. Also, ask another student to reply to the same question.

# Listening comprehension

Listen to these extracts from conversations and announcements and decide where each takes place. Choose the correct reply (a), (b) or (c).

**1**  (a)  En un restaurante
    (b)  En un bar
    (c)  En un hotel

**2**  (a)  En una estación de ferrocarril
    (b)  En una agencia de viajes
    (c)  En un aeropuerto

**3**  (*a*)  En un avión
   (*b*)  En un café
   (*c*)  En un supermercado

**4**  (*a*)  En un aeropuerto
   (*b*)  En una parada de autobús
   (*c*)  En una oficina de turismo

**5**  (*a*)  En Correos
   (*b*)  En una oficina de información y turismo
   (*c*)  En un banco

## Reading comprehension

### El presupuesto familiar

La familia española media gasta aproximadamente el 44 por 100 de sus ingresos en alimentación. A la vivienda y a los gastos de casa corresponde otro 14 por 100. El resto del presupuesto está dedicado al transporte, alrededor de un 9 por 100, accesorios del hogar, poco más del 8 por 100, vestido, casi 8 por 100 y otros gastos menores. En general las familias campesinas dedican una mayor parte de sus ingresos a la alimentación que las que viven en ciudades, un 52 y un 42 por 100 respectivamente. Pero en el campo el dinero correspondiente a gastos de diversiones, deportes y enseñanza es menor que en las ciudades.

### PRESUPUESTOS FAMILIARES
#### (Distribución porcentual)

|  | Familias campesinas | Familias urbanas | Total nacional |
|---|---|---|---|
| Productos alimenticios y bebidas . . . . | 52.32 | 42.14 | 44.20 |
| Vestido y calzado . . . . . . . . . . . . | 7.60 | 7.90 | 7.70 |
| Alquileres, agua, energía, combustible calefacción colectiva y reparaciones. . | 12.35 | 14.82 | 14.91 |
| Muebles, accesorios, enseres domésticos, gastos de mantenimiento del hogar y servicios . . . . . . . . . . . . . . | 5.98 | 8.59 | 8.13 |
| Servicios médicos y conservación de la salud . . . . . . . . . . . . . . . | 3.01 | 2.46 | 2.64 |
| Transportes y comunicaciones. . . . . . | 7.84 | 10.22 | 9.35 |
| Esparcimiento, deportes y cultura . . . . | 3.48 | 5.30 | 4.90 |
| Enseñanza . . . . . . . . . . . . . . . | 1.55 | 2.56 | 2.23 |
| Otros gastos de consumo no especificados . . . . . . . . . . . . . | 5.87 | 6.01 | 5.94 |
| TOTAL . . . . . . . . . . . . | 100.00 | 100.00 | 100.00 |

(*Cambio 16*, Nº 316)

### Las Vacaciones

El español en general tiene más vacaciones que otros europeos. La legislación laboral establece 21 días obligatorios, pero lo normal es tener un mes completo de vacaciones pagadas.

Un cajero de banco, por ejemplo, tiene un mes de vacaciones anuales pagadas, mientras que en Inglaterra sólo tienen 20 ó 22 días; en Holanda, 22; en Austria, 28; y en Suiza, 15 días.

Una secretaria goza también de un mes completo de vacaciones pagadas en España mientras que en Inglaterra sólo tiene derecho a 20 días; en Bélgica, a 20; en Francia, a 26.

### SEMANA LABORAL Y VACACIONES RETRIBUIDAS PARA DIVERSAS PROFESIONES EN DIFERENTES PAISES EUROPEOS

| PAIS | Mecánico Sem. Lab. | Mecánico Vac. Retri. | Peón de albañil Sem. Lab. | Peón de albañil Vac. Retri. | Tornero ajustador Sem. Lab. | Tornero ajustador Vac. Retri. | Cajero de Banco Sem. Lab. | Cajero de Banco Vac. Retri. | Secretaria Sem. Lab. | Secretaria Vac. Retri. |
|------|------|------|------|------|------|------|------|------|------|------|
|      | H.   | D.   | H.   | D.   | H.   | D.   | H.   | D.   | H.   | D.   |
| Holanda | 40 | 21 | 40 | 22 | 40 | 20 | 40 | 22 | 40 | 20 |
| Grecia | 48 | 20 | 42 | – | 48 | 26 | 39 | 26 | 42 | 20 |
| Bélgica | 39 | 20 | 39 | 20 | 39 | 21 | 39 | 22 | 39 | 20 |
| Alemania | 40.5 | 19 | 40 | 18 | 40 | 25 | 40 | 24 | 40 | 23 |
| Suecia | 40 | 20 | 40 | 20 | 40 | 20 | 38,5 | 20 | 39,5 | 24 |
| Suiza | 43,8 | 20 | 43,8 | 15 | 44 | 17,5 | 44 | 15 | 43,8 | 20 |
| Portugal | 45 | 30 | 45 | 30 | 45 | 30 | 35 | 30 | 37.5 | 30 |
| Inglaterra | 41 | 17 | 41 | 15 | 39 | 15–20 | 35 | 20–22 | 35 | 20 |
| ESPAÑA | 44 | 20–30 | 40–44 | 25 | 42–44 | 22–30 | 40 | 30 | 40 | 30 |
| Italia | 40 | 15–24 | 40 | 15–20 | 40 | 15–24 | 38,5 | 20–25 | 40 | 20–24 |
| Francia | 45 | 26 | 40 | 24 | 45 | 24 | 40 | 26 | 40 | 26 |

(*Cambio 16*, Nº 316)   Sem. Lab. = semana laboral
Vac. Retri. = vacaciones retribuidas
H. = horas; D. = días

## 1 Answer in Spanish:

(a) ¿Qué parte de sus ingresos gasta en alimentación la familia media española?

(b) ¿Cuánto gasta en transporte? ¿En vestido?

(c) ¿Quiénes gastan más dinero en alimentación, los habitantes del campo o los de la ciudad?

(d) ¿Quiénes gastan más dinero en deportes y en enseñanza?

## 2 Tell whether the following statements are true or false. Correct false statements.

(a) El español medio tiene menos vacaciones que otros europeos.

(b) Lo normal para el español es tener 21 días de vacaciones pagadas.

(c) La legislación laboral establece 21 días de vacaciones pagadas.

(d) Un cajero de banco español tiene un mes de vacaciones pagadas.

(e) Una secretaria española tiene 20 días de vacaciones.

(f) Una secretaria francesa tiene 26 días de vacaciones.

## Summary

**A  Requesting a service**

    (i)  Quiero reservar una mesa para esta noche.

    (ii)  Les ruego reservarme una habitación doble.

**B  Asking people to specify their requirements**

    (i)  Hotel:              ¿Quiere una habitación individual o doble?
                         Quiero una habitación individual.

    (ii)  Food:              ¿Qué van a tomar?
                         Yo quiero pescado.
                         Para mí espinacas con bechamel.

    (iii)  Food preparation:  ¿Cómo lo quiere?  (el pescado)
                         Lo quiero a la plancha.

    (iv)  Drink:            ¿Qué van a beber?
                         (Quiero) una botella de vino.

**C  Asking and answering questions about preferences**

    (i)  ¿Prefiere vino blanco o tinto?
       Prefiero vino blanco.

    (ii)  ¿Qué prefiere usted hacer en su tiempo libre?
       Prefiero leer periódicos y revistas.

## Grammar

**1  Radical changing verbs**

    (a)  e ⟩ ie

| querer | |
|---|---|
| quiero<br>quieres<br>quiere<br>queremos<br>queréis<br>quieren | una habitación<br>pescado a la plancha<br>reservar una mesa |

| preferir | |
|---|---|
| prefiero<br>prefieres<br>prefiere<br>preferimos<br>preferís<br>prefieren | espinacas con bechamel<br>vino blanco/tinto<br>escuchar música |

(b) o 〉 ue

| | rogar | |
|---|---|---|
| le(s) | ruego<br>ruega<br>rogamos<br>ruegan | reservar una habitación<br>enviar información<br>mandar la lista de precios |

## 2  Direct object pronouns

| Singular | Plural |
|---|---|
| me | nos |
| te | os |
| le | les |
| lo | los |
| la | las |

¿Cómo quiere el pescado?
¿Cómo **lo** quiere?

¿Cómo quiere las espinacas?
¿Cómo **las** quiere?

Miro el menú.
**Lo** miro.

Miro al camarero.    Miro a la camarera.
**Le** miro.         **La** miro.

**Me** invitan a cenar.  **Nos** invitan a cenar.

## 3  Para

Una mesa **para** dos.
Una reserva **para** esta noche.
**Para** las 9.30.
Una habitación **para** una semana.

# Unidad 9

# ME GUSTA ESTA

---

**A**  Likes and dislikes/Talking about cost

---

### Dialogue

Fernando Giménez goes into a department store to buy a typewriter.

| | |
|---|---|
| *Dependienta* | ¿Qué desea? |
| *Fernando* | Quiero comprar una máquina de escribir. |
| *Dependienta* | ¿Quiere una portátil o de escritorio? |
| *Fernando* | Portátil. |
| *Dependienta* | Pues, tenemos este modelo japonés. Es un modelo nuevo y es bastante liviano. Mire usted. |
| *Fernando* | Sí, me gusta ésta. ¿Cuánto cuesta? |
| *Dependienta* | Dieciocho mil pesetas. |
| *Fernando* | Es un poco cara. ¿No tiene otra más barata? |
| *Dependienta* | Aquí tenemos otra de fabricación española. Estas las tenemos en oferta. |

91

| | |
|---|---|
| *Fernando* | ¿Cuánto valen? |
| *Dependienta* | Quince mil pesetas. ¿Quiere probarla? |
| *Fernando* | Sí, por favor. (*After trying the typewriter*) Sí, prefiero llevar ésta más barata. ¿Tiene garantía? |
| *Dependienta* | Sí, tiene un año de garantía. |
| *Fernando* | Está bien. |
| *Dependienta* | Aquí tiene su factura. ¿Quiere pasar por caja, por favor? |

## Practice

**1** You (*Student A*) go into a department store to buy a television set (*un televisor*). A sales assistant (*Student B*) comes up to you:

| | |
|---|---|
| *Dependiente* | ¿Qué desea? |
| *Usted* | (*Say you want to buy a television set.*) |
| *Dependiente* | ¿Quiere un televisor en blanco y negro o color? |
| *Usted* | (*You want one in black and white.*) |
| *Dependiente* | Pues, de momento tenemos solamente estos tres modelos. Este modelo americano es muy bueno. Se lo recomiendo. |
| *Usted* | (*Ask how much it is.*) |
| *Dependiente* | Este vale veinte mil pesetas. |
| *Usted* | (*Say you like it but it is a bit expensive. Say you want a cheaper one. Ask how much the others are.*) |
| *Dependiente* | Pues, este modelo alemán es un poco más caro. Cuesta veintidós mil quinientas pesetas. El más barato es éste, de fabricación nacional, a dieciocho mil quinientas pesetas. |
| *Usted* | (*Say you like this one too. Ask if it is good.*) |
| *Dependiente* | Sí, es un televisor muy bueno. Se vende mucho. |
| *Usted* | (*Ask if it has a guarantee.*) |
| *Dependiente* | Naturalmente. Tiene una garantía de un año. |

| | |
|---|---|
| *Usted* | (*Say you want to try it.*) |
| *Dependiente* | Sí, sí, cómo no. Mire usted, la imagen es clarísima. |
| *Usted* | (*Ask if it needs an external aerial*: *antena externa.*) |
| *Dependiente* | No, no es necesario. Con la antena interna es suficiente. ¿Quiere llevarlo ahora o se lo enviamos a su casa? |
| *Usted* | (*Yes, you want to take it right now*: *ahora mismo.*) |
| *Dependiente* | ¿Quiere pagar con cheque o en metálico? |
| *Usted* | (*You prefer to pay by check.*) |
| *Dependiente* | De acuerdo. Ahora le doy su factura. |

**2**  Match each of the questions below with the corresponding answer.

*Preguntas*

1  ¿Le gusta esta chaqueta?
2  ¿Le gusta este perfume?
3  ¿Le gustan estos zapatos?
4  ¿Le gustan estos pantalones?
5  ¿Le gusta este jersey?

*Respuestas*

(*a*)  Sí, me gustan, pero son un poco duros. ¿No tiene otros más suaves?
(*b*)  No me gusta. Es un poco grueso. ¿No tiene otro más fino?
(*c*)  Sí, me gusta, pero es un poco grande. ¿No tiene otra más pequeña?
(*d*)  Sí, me gustan, pero son un poco largos. ¿No tiene otros más cortos?
(*e*)  No me gusta. Es un poco fuerte. ¿No tiene otro más suave?

**3**  Writing

Read these sentences:

Me gusta la música y el teatro. También me gustan los deportes. En el verano me gusta ir de vacaciones al extranjero.

Now write similar sentences saying what you like to do. Use some of these words and phrases:

| | |
|---|---|
| el cine | ir a la piscina |
| la ópera | ir a la playa |
| el ballet | ir al campo |
| la música clásica/moderna/pop | nadar |
| la poesía | salir de excursión |
| la pintura | viajar al extranjero |
| los deportes | tomar el sol |
| las discotecas | hacer alpinismo |
| las carreras de caballos/de coches, etc. | hacer surfing, etc. |

**4** Translation

Your company has received the following letter in Spanish and you have been asked to translate it.

---

# EDITORIAL CULTURA S. A.

Paseo de Gracia 36 — Tel. 528 31 02 — Barcelona-1

Barcelona, 1 de febrero de 19 . . .

Doyle's Booksellers
625 King St.
San Antonio, TX 78201
E.E.U.U.

Muy señores nuestros:

En contestación a su atenta carta de 15 del mes pasado, en que nos piden información sobre los precios al por mayor de nuestro "Diccionario Comercial", tenemos mucho gusto en enviarles el siguiente cálculo:

| | | |
|---|---|---|
| Por pedidos de más de | 30 unidades | 1800 pts. c/u |
| Por pedidos de más de | 60 unidades | 1620 pts. c/u |
| Por pedidos de más de | 100 unidades | 1530 pts. c/u |

Nuestras condiciones normales son letra bancaria a la presentación de la factura.

Les rogamos hacer el pedido lo antes posible, pues nuestras existencias son limitadas.

Les saluda muy atentamente.

Ignacio Pujol
Jefe de Ventas

Study these words and expressions:

| | |
|---|---|
| (los) precios al por mayor | *wholesale prices* |
| al detalle/al por menor | *retail prices* |
| (el) pedido | *order* |
| c/u (cada uno) | *each (one)* |
| (la) letra bancaria | *bank draft* |
| letra a (30) días vista | *draft at (30) days' sight* |
| (el) pago al contado | *cash payment* |
| pago mensual/bimestral o | *monthly/bi-monthly/quarterly/* |
| bimensual/trimestral/semestral | *semi-annual payment* |
| (la) factura | *bill, invoice* |
| a la presentación de la factura | *against pro-forma invoice* |

**5** You are working for a firm that manufactures sports articles. Almacenes Gracia, a large Spanish department store at Calle Sierpes, 315, in Sevilla, has written asking for information on wholesale prices of tennis rackets (*raquetas de tenis*) and roller skates (*patines de ruedas*). Using the letter opposite as a model, write a similar letter in Spanish replying to their inquiry. Quote prices in your own currency.

## B  Giving reasons for liking or disliking something
## Giving opinions: about jobs, airline service

## Dialogue

María Dolores is an interpreter who works for an international organization in Madrid. At a recent conference, she was asked by one of the visiting participants what she thought of her work. Note the use of the familiar form.

| | |
|---|---|
| *Visitante* | ¿Te gusta tu trabajo? |
| *María Dolores* | Sí, a mí me gusta muchísimo mi trabajo. |
| *Visitante* | ¿Por qué te gusta? |
| *María Dolores* | Porque considero que es un trabajo interesante y variado. Además, tengo la oportunidad de viajar y de conocer gente diferente. |

*Visitante*        ¿Te parece difícil el ser intérprete?

*María Dolores*    A veces sí, me parece difícil. Es una actividad que exige mucha preparación y concentración. Pero creo que esto tiene su recompensa, pues las condiciones de trabajo son en general muy buenas.

*Visitante*        Entonces, merece la pena trabajar tanto.

*María Dolores*    Creo que sí.


## Practice

**1**  Read these opinions about different jobs:

*1* Me gusta mi profesión por muchas razones diferentes. Primeramente, porque me interesa trabajar con niños y no es un trabajo rutinario. También me gustan las largas vacaciones que tenemos. No es siempre un trabajo fácil y exige mucha dedicación y una fuerte vocación. Pero a mí me parece una actividad interesante y agradable.

*2* En mi trabajo viajo constantemente y mientras viajo trabajo largas horas sin interrupción. Me gusta lo que hago porque tengo la oportunidad de conocer muchos países distintos. Creo que es un trabajo duro pero emocionante.

*3* Mi ocupación es interesantísima. Me gusta conocer y entrevistar a personas importantes y escribir artículos. Miles de personas leen lo que yo escribo cada día. Considero que es un trabajo serio y creativo.

**Answer in Spanish:**

(*a*)  La primera opinión es la de:
   *A* un doctor,     *B* un profesor,     *C* un abogado.

(*b*)  ¿Por qué le gusta su profesión a la primera persona?

(*c*)  ¿Le gustan las vacaciones? ¿Por qué?

(*d*)  ¿Piensa que es difícil el trabajo?

(*e*)  La segunda opinión es la de:
   *A* una telefonista,     *B* una enfermera,     *C* una azafata.

(*f*)  ¿Qué hace esta persona en su trabajo constantemente?

(*g*)  ¿Qué hace mientras viaja?

(*h*)  ¿Cuál es su opinión sobre su trabajo?

(*i*)  La tercera opinión es la de:
   *A* un vendedor de revistas,     *B* un periodista,     *C* un novelista.

(*j*)  ¿Qué opina esta persona sobre su ocupación?

(*k*)  ¿Qué le gusta hacer?

(*l*)  ¿Cómo describe su trabajo?

**2**  Sustained speaking

Describe your work or main activity and give your opinion about it, telling whether you like it or not and why.

Use some of these phrases:

(No) me gusta mi trabajo (ocupación) porque . . .
Creo que . . .
Me parece que . . .
Considero que . . .
Opino que . . .
En mi opinión . . .

**3**  On a flight on board Aerohispania all passengers were handed a questionnaire in which they were asked their opinions about the flight and the service offered on board the airplane. Imagine that you were one of the passengers returning home after an exhausting business trip.

Fill in the questionnaire with your own replies:

| SERVICIO A BORDO | SI | NO |
|---|---|---|
| (a)  ¿Actúa con corrección y amabilidad la tripulación auxiliar? | ☐ | ☐ |
| (b)  ¿Le parece adecuada la información facilitada a bordo? | ☐ | ☐ |
| (c)  ¿Considera satisfactorio el servicio de ventas a bordo? | ☐ | ☐ |
| (d)  ¿Le parece buena la calidad de las comidas y/o refrigerios? | ☐ | ☐ |
| (e)  ¿Considera bueno el servicio de bebidas? | ☐ | ☐ |
| (f)  ¿Es suficiente y variada la prensa y revistas disponibles a bordo? | ☐ | ☐ |
| (g)  ¿Considera de su agrado el programa musical? | ☐ | ☐ |
| (h)  ¿Le parece agradable el ambiente de la cabina? | ☐ | ☐ |
| (i)  ¿Le causa buena impresión su limpieza? | ☐ | ☐ |
| (j)  ¿Considera adecuados y limpios los aseos? | ☐ | ☐ |

Le agradecemos su colaboración al rellenar este cuestionario. Su finalidad es ayudarnos a mejorar nuestros servicios.

Muchas gracias.

## 4 Reading

A group of Venezuelan professional women working for an oil company in their country were asked to give their opinions about their jobs and to tell what it is like for them to work in an industry where most of the skilled and professional work is done by men. These are some of their opinions:

*Lastenia, ingeniero industrial*

"En Venezuela mucha gente cree todavía que la profesión de ingeniero es para hombres. Cuando uno invade el campo de trabajo, sobre todo en los inicios de la carrera, es difícil el avanzar porque se nos ve más como mujer que como profesional.

Todo tiene sus pros y sus contras. Creo que a nivel general existe cierta desconfianza en el potencial de una mujer en una empresa y eso limita nuestra carrera. Pero el ser mujer también facilita las cosas en cierto modo, en el aspecto personal, aunque esto eventualmente es negativo en lo profesional".

*Felícita, ingeniero industrial*

"Mi profesión me agrada mucho y me identifico plenamente con ella. Considero que hombre y mujer son capaces de hacer el mismo trabajo, aunque, por supuesto, las mujeres no tenemos que olvidar nuestra condición femenina.

Parece que en muchos casos, particularmente en las empresas privadas, los puestos de mayor nivel están reservados a hombres y no a mujeres. Eso ocurre con frecuencia".

*Dinorah León, graduada en Administración Comercial*

"Como mujer quiero ocupar los mismos cargos que ocupan los hombres actualmente. No veo por qué tiene que haber diferencias entre hombres y mujeres. Frustraciones no tengo. Trabajar es una de mis mayores satisfacciones".

*Nielca, doctora en Ciencias Económicas*

"El hecho de ser mujer me permite una relación más cordial con la gente con quien trabajo y tengo acceso con más facilidad que un hombre a cierta información. Por el lado negativo, existe el hecho de que en la industria petrolera no existen cargos de alto nivel ocupados por mujeres".

Adapted from Tópicos (Maraven)

**Answer in English**

(a) According to Lastenia, what do many Venezuelans think about the engineering profession?

(b) What major difficulty does a woman encounter at the beginning of her career?

(c) What are the advantages and disadvantages of being a professional woman within a company?

(d) What does Felícita say about her profession?

(e) Does she think men and women are able to do the same work?

(f) Does Felícita believe that private enterprise gives men and women equal opportunities?

(g) What are Dinorah's aspirations as a professional woman?

(h) What advantage does Nielca see in being a woman within the profession?

(i) What disadvantage does she see?

# Listening comprehension

You have been asked to take part in a series of informal interviews with foreign tourists to find out what they think about Chicago. Here is a recording of an interview with a Mexican tourist. Listen to it and then summarize the main points in English.

# Reading comprehension

## El turismo

El turismo es actualmente una importante fuente de ingresos para la economía española. Millones de turistas llegan cada año a España de distintas partes de Europa. El número de turistas alcanza los 40 millones aproximadamente (40.129.323 en 1981) y de ellos más de 10 millones vienen de Francia, el primer país en la lista de procedencia. Tambien visitan España millones de portugueses, alemanes e ingleses.

Sevilla es un importante centro turístico en la región de Andalucía

## Costas e islas

Las costas españolas, especialmente el Mediterráneo, son el lugar de concentración de la mayor parte de los turistas extranjeros. Los más importantes centros turísticos están en la Costa Brava, alrededor de Barcelona, en la Costa Blanca, entre Valencia y Alicante, y en la Costa del Sol, en la región de Andalucía.
Frente a la costa del Mediterráneo están las Islas Baleares, con una enorme afluencia de turistas extranjeros. El aeropuerto de Palma de Mallorca es uno de los de mayor tráfico en toda España. Las Islas Canarias, situadas frente a la costa de Africa Occidental, ofrecen al turista extranjero un clima agradable durante la mayor parte del año. Tenerife y Gran Canaria son los dos centros principales del turismo canario.

## La Administración Turística Española

Las posibilidades turísticas españolas están aún, en buena parte, por explotar. Una excelente manera de conocer España es el de realizar diversas rutas de acuerdo con las aficiones y gustos de cada uno de los viajantes.
La Administración Turística Española, de Madrid, edita una magnífica guía de rutas españolas, en la que se ofrece la posibilidad de realizar viajes organizados por ella en autocar, con alojamientos en pensión completa en Paradores Nacionales y hoteles de primera clase, con servicio de guías y entradas a monumentos incluídos.

(*Cambio 16*, Nº 391)

**1  Summary**

You have been asked to write a brief introduction in English about tourism in Spain. Summarize the information in the first two passages, "El turismo" and "Costas e islas" for inclusion in your introduction.

**2**  You are going to Spain on business and would like to take some time off to visit the country. The passage "La Administración Turística Española" may be of some help:

(*a*)  What sort of guide has this organization published?
(*b*)  Who arranges the tours?
(*c*)  What means of transportation is used?
(*d*)  Where can you stay?
(*e*)  What does the tour include?

## Summary

**A  Likes and dislikes**

  (i)  ¿Le gusta esta máquina de escribir?
       Sí, me gusta,      *or*      No, no me gusta.

  (ii)  ¿Qué le gusta hacer en el verano?  Me gusta ir de vacaciones al extranjero.

**B  Giving reasons for liking or disliking something**

¿Por qué te gusta tu trabajo?  (Me gusta) porque considero que es un trabajo interesante y variado.

**C  Talking about cost**

¿Cuánto cuesta(n)?   *or*   ¿Cuánto vale(n)? Cuesta(n)  *or*  vale(n) 18.000 pesetas.

**D  Giving opinions**

  (i)  ¿Te parece difícil el ser intérprete? Sí, me parece difícil,  *or*  No, no me parece difícil.

  (ii)  Creo que (es interesante); considero que (es fácil); opino que (es agradable); en mi opinión (es un trabajo serio y creativo).

# Grammar

## 1 Gustar

Singular

| (a mí) **me**<br>(a ti) **te**<br>(a él, ella, Vd.) **le** | gusta(**n**) | esta chaqueta<br>estas chaquetas |
|---|---|---|

Plural

| (a nosotros) **nos**<br>(a vosotros) **os**<br>(a ellos, ellas, Vds.) **les** | gusta(**n**) | este deporte<br>estos deportes |
|---|---|---|

## 2 Parecer

Singular

| (a mí) **me**<br>(a ti) **te**<br>(a él, ella, Vd.) **le** | parece(**n**) | bien<br>(que es) interesante<br>(que son) interesantes |
|---|---|---|

Plural

| (a nosotros) **nos**<br>(a vosotros) **os**<br>(a ellos, ellas, Vds.) **les** | parece(**n**) | mal<br>(que es) agradable<br>(que son) agradables |
|---|---|---|

## 3 Position of object pronouns with infinitives

¿Quiere llevar**lo** ahora?　*or*　¿**Lo** quiere llevar ahora?
¿Prefiere pagar**la** mañana?　*or*　¿**La** prefiere pagar mañana?

## 4 Más + adjective

| ¿Tiene otro | **más barato?**<br>**más pequeño?**<br>**más largo?** |
|---|---|

**5**   **¿Por qué?  Porque**

¿**Por qué** le gusta?
**Porque** es interesante

**6**   **El** (definite article) + **infinitive**

¿Te parece difícil **el** ser intérprete?
¿Considera agradable **el** hacer este tipo de trabajo?

**7**   **Indirect object pronouns**

| | |
|---|---|
| **me**  (a mí)<br>**te**   (a tí)<br>**le**   (a Vd., él, ella)<br>**nos**  (a nosotros)<br>**os**   (a vosotros)<br>**les**  (a Vds., ellos, ellas) | da la factura<br>envía información<br>reserva una habitación |

Note the use of direct and indirect pronouns in:

**Le** recomiendo esta máquina → **Se la** recomiendo
¿**Le** enviamos el televisor? → ¿**Se lo** enviamos?

**8**   **Dar** (present tense indicative)

| dar |
|---|
| doy<br>das<br>da<br>damos<br>dais<br>dan |

| | |
|---|---|
| (Yo) le **doy**<br>(Ella) me **da** | la factura |

**9**   **Demonstrative pronouns:** esto, eso, aquello (neuter).

| |
|---|
| Creo que **esto** tiene su recompensa.<br>Considero que **eso** es interesante.<br>¿Qué es **aquello**? |

# Unidad 10

# ¿DONDE SE PUEDE CAMBIAR DINERO?

---

**A** **Asking and telling where and whether something can be done**

---

### Dialogue

**1** Paul Richards asks the receptionist at his hotel where he can change some money.

| | |
|---|---|
| *Sr. Richards* | ¿Dónde se puede cambiar dinero? |
| *Recepcionista* | En la esquina hay un banco. Allí puede cambiar. |
| *Sr. Richards* | ¿Tiene usted sellos? |
| *Recepcionista* | No, aquí no tenemos, pero puede comprarlos en Correos que está al lado del banco. |
| *Sr. Richards* | Gracias. |

**2**  At the bank.

| | |
|---|---|
| *Sr. Richards* | Quiero cambiar cincuenta dólares en pesetas. |
| *Empleado* | Sí, cómo no. |
| *Sr. Richards* | ¿A cómo está el cambio? |
| *Empleado* | ¿Tiene cheques o billetes? |
| *Sr. Richards* | Cheques. |
| *Empleado* | Está a ciento cincuenta y una pesetas por dólar. Me da su pasaporte, por favor. (*Sr. Richards hands in his passport*) ¿Cuál es su dirección aquí en Madrid? |
| *Sr. Richards* | Estoy en el Hotel Victoria en la Calle Mayor, 48. |
| *Empleado* | ¿Quiere firmar aquí? (*Sr. Richards signs the form*) Bien. Puede pasar por caja. |

BANCO DE CREDITO BALEAR
DPTO. EXTRANJERO

COMPRA DE
☐ BILLETES
☐ TRAVELLERS
CHEQUES

CUYO IMPORTE LIQUIDO SALVO BUEN FIN
☐ ABONAMOS EN CTA
☐ PAGAMOS POR CAJA

| | |
|---|---|
| Fecha | **05/07/1984** |
| CLAVE | **CH   DOLAR E.U.** |
| Cantidad Divisa | 50 |
| Cambio | 151,00 |
| PESETAS | 7.550,00 |
| Tipo de comisión | 2,00 % |
| COMISION | 151,00 |
| Tipo I.T.E. | 4,00 % |
| I.T.E. | 6,04 |
| IMPORTE PESETAS | 7.392,96 |

PAGADO

REG. MER. PALMA, T.21, F.190, L.17, H.875   C.I.F. A 07000136

¡WELCOME TO SPAIN!   ¡BIENVENIDO A ESPAÑA!   ¡BIENVENU EN ESPAGNE!

OUR EXTENSIVE NETWORK OF BRANCHES IS AT YOUR SERVICE
PONEMOS A SU DISPOSICION NUESTRA EXTENSA RED BANCARIA
LES SERVICES DE NOTRE VASTE RESEAU DE SUCCURSALES
SONT A VOTRE DISPOSITION.

BANCO DE CREDITO BALEAR

**359213**                    5

PARA EL CLIENTE                    3.3

Sistemas de Control A.A.

## Practice

**1**  Ask and answer like this (find the answers by studying the photographs below and on page 106):

*Pregunta*:    ¿Dónde se puede cambiar dinero?
*Respuesta*:   Se puede cambiar dinero en el banco.

Continue:
(a) ¿Dónde se puede comprar pan?
(b) ¿Dónde se puede comprar aspirinas?

(c)  ¿Dónde se puede aparcar?
(d)  ¿Dónde se puede arreglar este reloj?

**2**  You will be traveling by car in Spain and you need to understand the meanings of certain road signs. Match each sentence below with the corresponding sign.

(a)  No se puede conducir a más de cien kilómetros por hora.
(b)  Aquí se puede estacionar hasta una hora.
(c)  Aquí no se puede estacionar entre las ocho de la mañana y las nueve de la noche.
(d)  No se puede doblar a la derecha.
(e)  Aquí no se puede estacionar.
(f)  No se puede seguir de frente.

**3**  While in Spain your boss got this information on discount rail travel in Spain with *"Chequetrén"*. He does not understand much Spanish and he has asked you to explain a few points to him. Study the brochure and answer his questions.

---

- Chequetrén es una forma de pagar sus viajes en tren que supone un ahorro del 15%.

- Chequetrén no caduca. Su chequetrén siempre es válido.

- Con chequetrén pueden viajar hasta seis personas.

- Chequetrén vale para cualquier recorrido y servicio del tren. Y puede ser utilizado en cualquier fecha.

- Hay un chequetrén para empresas. Un sistema para reducir los gastos de viaje.

- Chequetrén empresas puede ser utilizado por cualquier empleado.

- Chequetrén es un descuento, que se puede acumular a los demás descuentos del tren, excepto viajes de grupo, concertados, etc.

---

*Preguntas*

(a)  How much can I save by paying for rail travel with *chequetrén*?

(b)  How many people can use the same *chequetrén*?

(c)  Can it be used anywhere in Spain?  For all train services?

(d)  When can it be used?

(e)  Is there a *chequetrén* for companies?

(f)  Can it be used by any company employee?

**4**  At sight translation

A colleague of yours has received the following letter from Spain (see page 108) and she has asked you to translate it for her.

Sra. Alison Miles
625 King St.
San Antonio, TX 78201
E.E.U.U.

# HOTEL DON JUAN

Benidorm, 25 de junio de 19 ..

Sra. Alison Miles
625 King St.
San Antonio, TX 78201
E.E.U.U.

Estimada Sra. Miles:

Sentimos informarle que no podemos hacer la reserva que usted solicita para el 18 de julio, debido a que nuestro hotel se encuentra completo en esa fecha. Si usted lo desea podemos reservarle una habitación similar para el 5 de agosto.

Le ruego confirmarnos si esta segunda fecha le parece satisfactoria.

En espera de sus gratas noticias le saludamos muy atentamente.

Julio Bravo

Administración

Note the use of expressions like:

| | |
|---|---|
| sentimos informarle que ... | *we regret to inform you that ...* |
| solicitar | *to request* |
| debido a | *due to* |
| se encuentra (completo) | *it is (full)* |
| en espera de sus gratas noticias | *we look forward to hearing from you* |

## B   Requesting information and a service

## Dialogue

**1   At the Post Office**

| | |
|---|---|
| Sr. Richards | ¿Puede decirme cuánto cuesta enviar una postal a Inglaterra? |
| Empleado | Treinta y dos pesetas. |
| Sr. Richards | Me da cinco sellos de treinta y dos pesetas. |
| Empleado | Son ciento sesenta pesetas. |

(*Sr. Richards hands him two hundred pesetas and the employee gives him the change: la vuelta*) Gracias.

| | |
|---|---|
| Sr. Richards | Quiero mandar una carta certificada a los Estados Unidos. |
| Empleado | Primero tiene que rellenar este formulario. |
| Sr. Richards | Y me da también un impreso de telegrama. (*The employee gives him a telegram form*) Gracias. |

CORREOS Envío CERTIFICADO núm . . . . . . . . . . . . . . . .

Recibo para el remitente

DESTINATARIO _John M. Garrow_ . . . .

Calle _Michigan Avenue_ n.º . . . . . .

en _Chicago . IL . . Estados Unidos._

Clase del objeto (táchese lo que no proceda): **Cartas,** ~~impresos,~~ ~~pequeños paquetes,~~ etc.

Sello de fechas

Firma del empleado,

(Léase al reverso)

PRECIO 1,00 Pta.

**2   In a hotel room**

| | |
|---|---|
| Camarera | (*Knocking on the door*) ¿Se puede? |
| Sr. Richards | Sí, pase. |
| Camarera | ¿Qué desea? |
| Sr. Richards | ¿Me pueden lavar esta ropa para mañana? |
| Camarera | Sí, ¿qué hay? |
| Sr. Richards | Cuatro camisas, calcetines y ropa interior. |
| Camarera | Se la traigo mañana a las ocho de la mañana. |
| Sr. Richards | Perfectamente. Muchas gracias. |

## Practice

**1**   Find the correct question. What would you say if you wanted to: open a current account; send a postal money order; make an international phone call; obtain a credit card?

(*a*)  ¿Puede decirme dónde se puede enviar un giro postal?
(*b*)  ¿Puede decirme qué hay que hacer para solicitar una tarjeta de crédito?
(*c*)  ¿Puede decirme qué tengo que hacer para abrir una cuenta corriente?
(*d*)  ¿Puede decirme dónde se puede hacer una llamada internacional?

**2**  You are on a business trip in Mexico and need your laundry done at the hotel. Get together with another student and practice Dialogue 2 on the previous page using this list of clothing:

**HOTEL Genova**
Av. Juárez No. 123
Guadalajara, Jal.

**LISTA DE LAVANDERIA**
**LAUNDRY LIST**

Nombre _____  Fecha _____ 19 ____
Name                             Date

Cuarto _____  Camarista _____
Room                             Valet

| Número de piezas / Number of articles | | TARIFA RATE | TOTAL | |
|---|---|---|---|---|
| | VESTIDO NORMAL / Dress | $50.00 | | |
| | TRAJE / Suit | 50.00 | | |
| | PANTALONES / Trousers | 32.00 | | |
| | SACO / Coat | 32.00 | | |
| | FALDA / Skirt | 32.00 | | |
| | CAMISA / Shirt | 30.00 | | |
| | BLUSA / Blouse | 30.00 | | |
| | PLAYERA / Sports Shirt | 30.00 | | |
| | CAMISETA / Vest | 10.00 | | |
| | CALZONCILLOS / Underpants | 10.00 | | |
| | CALCETINES / Socks | 10.00 | | |
| | PIJAMA / Pyjamas | 30.00 | | |
| | PAÑUELO / Hankerchief | 10.00 | | |
| | CAMISON / Nightdress | 10.00 | | |
| | FONDO / Underskirt | 30.00 | | |

**3   A telephone conversation**

Get together with another student and make up a telephone conversation along these lines:

*Student A*: You ring "Textiles La Catalana" in Barcelona and ask whether you can speak to the manager. His secretary answers the phone and tells you that he is not available. Ask her to tell you at what time he will be back (*regresar*). She gives you the information. Thank her and say good-bye.

*Student B*: You are a secretary at "Textiles Catalana". A customer telephones from abroad and asks to speak to the manager. He is not at the office and will not be back until 2 p.m.

**4   Dictation**

A letter in Spanish will be dictated to you. Take it down following the proper Spanish format. The letter is for Sr. Pablo Araya, Director Gerente, Importadora González Hnos., Avenida de La Reforma, 523, México D.F., México, and it is signed by Robert Watkinson, sales manager.

# Listening comprehension

You are working for a company which does business with Spanish-speaking countries. When you arrive at the office this morning you find three messages in Spanish in the telephone answering machine. Take note of these messages in English as you have to pass them on to your boss.

# Reading comprehension

### Correos y Telégrafos

Las horas de atención al público en las Oficinas de Correos en Latinoamérica son normalmente de 9.00 a 1.00 y de 3.00 a 7.00. En la Ciudad de México hay una Oficina Central de Correos que abre de lunes a viernes desde las 7.00 de la mañana hasta la medianoche. Los sábados y los domingos cierra a las 8.00 y a las 4.00 de la tarde respectivamente.

La palabra *sello* (stamp) se utiliza preferentemente en España. En México y en otras países de Latinoamérica se usa la palabra *estampilla*.

*El buzón* (mailbox) en España es de color amarillo. En Latinoamérica es normalmente de color rojo.

## Las monedas

La unidad monetaria de España es *la peseta*. Las monedas españolas llevan la imagen del Rey Juan Carlos I. En varios países de Latinoamérica se usa *el peso* como unidad monetaria, por ejemplo, en México, en Chile, en Argentina, en Bolivia. En Perú es *el sol*, en Ecuador *el sucre*, en Venezuela *el bolívar*. El símbolo $ representa la palabra *peso*. La abreviación de pesetas es *pts.* o *Pts.* El cambio de estas monedas con respecto al dólar y a la libra esterlina fluctúa constantemente y a veces de manera considerable. Algunos países latinoamericanos tienen altas tasas de inflación y sus monedas sufren constantes devaluaciones.

## Los teléfonos públicos

En España y en la mayor parte de Latinoamérica hay cabinas telefónicas, pero no siempre se pueden hacer llamadas internacionales desde allí. Para ello hay que ir a la *Compañía Telefónica* o hacer la llamada desde un hotel o casa particular. En España los teléfonos públicos funcionan con monedas. En muchos países de Latinoamérica se usan fichas de teléfono. Estas se pueden comprar en los quioscos de revistas.

## 1 Translation

Translate into English the passage "Las monedas".

**2** Answer in Spanish:

(a) ¿A qué hora abren y cierran las oficinas de Correos en Latinoamérica?
(b) ¿Cuál es el equivalente de *sello* en Latinoamérica?
(c) ¿De qué color son los buzones en España? ¿En Latinoamérica?
(d) ¿Dónde se puede hacer una llamada internacional en España?
(e) ¿Cómo funcionan los teléfonos públicos en España? ¿Y en Latino-américa?
(f) ¿Dónde se pueden comprar las fichas de teléfono?

## Summary

**A Asking and telling where something can be done**

¿Dónde se puede cambiar dinero? Allí (en el banco, etc.) puede cambiar.

**B Asking and telling whether something can be done**

¿Se puede doblar a la derecha? (No) se puede doblar a la derecha.

**C Requesting information**

¿Puede decirme cuánto cuesta enviar una postal a las Estados Unidos? (Treinta y cinco pesetas.)

**D Requesting a service**

¿Me pueden lavar esta ropa para mañana? (Sí, ¿qué hay?)

## Grammar

**1 Poder** (radical changing verb)

o ⟩ ue

| poder | |
|---|---|
| puedo puedes puede podemos podéis pueden | cambiar dinero en el banco comprar sellos en Correos doblar a la derecha |

**2** "Se" (impersonal)

| (No) | se puede | estacionar<br>doblar a la derecha |
|---|---|---|

**3** "Se" (passive)

En muchos países **se** usan fichas de teléfono.
Las fichas **se** pueden comprar en los quioscos.

**4 Impersonal** use of the 3rd person plural

| ¿Me **pueden** | lavar esta ropa?<br>reservar una habitación? |
|---|---|

**5 Present tense indicative** used in requests

Me **da** su pasaporte, por favor.
¿**Quiere** firmar aquí?
**Puede** pasar por la caja.

**6 Traer** (present tense indicative)

| **traigo**<br>traes<br>trae<br>traemos<br>traéis<br>traen | (Yo) le **traigo** las camisas mañana.<br>La camarera le **trae** la ropa a las ocho.<br>(Nosotros) se la **traemos** a su habitación. |
|---|---|

# Unidad 11

# SALGO A LA UNA Y MEDIA

## Dialogue

Isabel Pérez talks to a friend about her work.

*Miguel*  ¿A qué hora entras a trabajar?

*Isabel*  Entro a las nueve y media y salgo a la una y media.

*Miguel*  Y por la tarde, ¿a qué hora empiezas?

*Isabel*  Empiezo a las cuatro y termino a las ocho.

*Miguel*  ¿Dónde comes?

*Isabel*  Normalmente vengo a comer a casa y luego vuelvo a la oficina, pero a veces me quedo en el centro y como en alguna cafetería. En el verano voy a la piscina un rato.

*Miguel*  ¿Trabajas los sábados?

*Isabel*  Sí, pero trabajo por la mañana solamente.

*Miguel*  ¿Cuántas semanas de vacaciones tienes?

*Isabel*  Tengo cuatro semanas por año.

115

# Practice

**1** Answer these questions about your working hours:

(a) ¿Trabaja usted por la mañana y por la tarde? (or: ¿Tiene clases ...?)

(b) ¿A qué hora entra?

(c) ¿A qué hora sale?

(d) ¿Dónde come?

(e) ¿Cuántos días a la semana trabaja? (or: ¿... tiene clases?)

(f) ¿Cuántas semanas de vacaciones tiene por año?

**2** Get together with another student and make up conversations similar to the one on page 115 using either the familiar form (*tú*), or the formal form (*usted*).

Include other questions such as:

¿A qué hora te levantas (tú)? or ¿A qué hora se levanta (usted)?

¿Cómo va(s) al trabajo?, ¿al colegio?

¿Qué hace(s) después del trabajo?, ¿después de clases?

¿A qué hora cena(s) normalmente?

¿A qué hora te acuestas? or ¿A qué hora se acuesta?

**3** **Writing/Sustained speaking**

Write a brief passage describing your daily activities. Include information about the work you do or your studies, days and hours you work or study, holidays you have, what you usually do after work or school and on the weekend.

Here are some useful phrases:

Trabajo en ... or Estudio en ...

Trabajo de (lunes) a ... de (9.00) a ... or Tengo clases de ...

Normalmente me levanto a las ...

Salgo de casa a las ...

Voy al trabajo en ...

Vuelvo a casa a las ...

Por la tarde (noche) leo, veo televisión, etc.

Los fines de semana ...

Tengo (1) mes, (3) semanas de vacaciones ...

En mis vacaciones voy a ...

Now give the same information orally without using your textbook.

## 4 Reading/Writing

Read this information given by a secretary and then answer the questions which follow.

"Normalmente llego a la oficina a las nueve y media. Lo primero que hago es ver si hay algún recado para el gerente en el teléfono, luego abro la correspondencia y la clasifico, respondo las cartas más urgentes y si es una carta que yo no puedo responder se la doy a la persona que corresponde. También atiendo las llamadas telefónicas para la gerencia, arreglo citas para los clientes de la compañía, recibo a los clientes y les ofrezco café cuando tienen que esperar.

A veces hago llamadas locales o internacionales a nombre de la compañía, hago reservas de vuelos y hoteles para el personal o visitantes extranjeros. Diariamente escribo a máquina las cartas e informes que me dicta mi jefe. También asisto a reuniones de la junta directiva y levanto actas de las reuniones . . ."

### Answer in English:

(a) What time does she normally arrive at the office?
(b) What does she do first?
(c) What does she do with the mail?
(d) How does she look after the clients?
(e) What does she do sometimes?
(f) What does she do daily?

Imagine that you are describing someone's work. Go through the passage above orally first, then in writing, like this:

Normalmente Isabel llega a la oficina a las nueve y media. Lo primero que hace es . . . etc.

## 5 Describe your own work or activities, orally first, then in writing.

**6** Enrique Ramírez is a technician and is applying for a job with a new company. This is part of his application form:

Nombre y apellidos ....................................................
.................... ENRIQUE RAMIREZ PEÑA

Fecha de nacimiento 16 de Julio de 1.955

Estado Civil ..... Casado

Dirección y teléfono Calle Guipúzcoa 362,
.................... 2° Izq. - BILBAO

Ocupación actual .... Técnico electricista

Nombre de la empresa ELECTRONICA BILBAO

Descripción de funciones Responsable de relaciones con compañías electrónicas; preparación de ofertas; asesoramiento en la preparación de contratos; dirección y control de obras.

Sueldo actual 1 millón de pesetas anuales

Jornada laboral Lunes a viernes de 8.00 a 4.00

**Answer in Spanish:**

(a) ¿Cuál es la fecha de nacimiento de Enrique?
(b) ¿Está casado o soltero?
(c) ¿Dónde vive?
(d) ¿Qué hace actualmente?
(e) ¿En qué empresa trabaja?
(f) ¿En qué consiste su trabajo?
(g) ¿Cuánto gana?
(h) ¿Qué días y horas trabaja?

**7**   This is part of an interview which Enrique Ramírez had to attend:

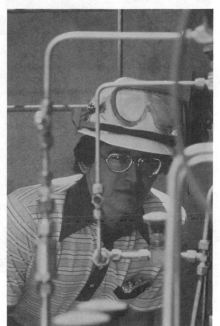

| | |
|---|---|
| *Pregunta* | ¿En qué trabaja usted actualmente? |
| *Respuesta* | Soy técnico electricista. |
| *Pregunta* | ¿En qué compañía? |
| *Respuesta* | Trabajo en Electrónica Bilbao. |
| *Pregunta* | ¿En qué consiste su trabajo? |
| *Respuesta* | Soy responsable de las relaciones con las compañías electrónicas, también preparo ofertas, asesoro en la preparación de contratos y dirijo y controlo obras. |
| *Pregunta* | ¿Cuánto gana usted ahora? |
| *Respuesta* | Un millón de pesetas anuales. |

*Pregunta*    ¿Cuál es su horario de trabajo?

*Respuesta*   De lunes a viernes, de ocho de la mañana a cuatro de la tarde.

*Pregunta*    ¿Trabaja aquí en Bilbao?

*Respuesta*   Sí, en Bilbao.

Now get together with another student and make up similar conversations. Use ideas from the advertisements below and on page 120:

**EMPRESA LIDER**

en escritura electrónica, para su departamento comercial,

**necesita**

**VENDEDORAS Y VENDEDORES**

de las siguientes características:

- Formación a nivel universitario.
- Cualidades comerciales.
- Gran capacidad de trabajo.
- Residencia en Madrid.
- Buena presencia.

**Ofrecemos:**

- Incorporación inmediata.
- Formación a cargo de la empresa.
- Amplia área de gestión.
- Empresa joven y dinámica.
- Elevados ingresos a convenir.
- Apoyo total de la empresa.

**Interesados,** enviar historial a Sans de España. Avda. General Perón, 14. Ref. Escritura Electrónica. Madrid.

**IMPORTANTE COMPAÑIA AMERICANA LIDER EN INSTRUMENTACION CIENTIFICA**

**NECESITA PARA INCORPORACION INMEDIATA**

**SECRETARIA**
DPTO. VENTAS

**SE REQUIERE:**

1. Dominio de inglés.
2. Experiencia mínima tres años.
3. Rapidez y nitidez en mecanografía.
4. Se apreciará iniciativa y personalidad.

**SE OFRECE:**

1. Incorporación inmediata.
2. Semana laboral de cinco días e intensiva en verano.
3. Agradable ambiente de trabajo.
4. Salario atractivo, de acuerdo con experiencia y capacidad.
5. Lugar de trabajo, zona norte de Madrid.

## 8 At sight translation

A colleague of yours who does not know any Spanish has spotted this advertisement in a Spanish newspaper. He knows the company and would like to know what job they are advertising. Translate the advertisement giving a general rather than a word-by-word translation.

**HOSIMEX S.A.**
NECESITA

**DELEGADO DE VENTAS PARA MADRID**

Su función primordial será la gestión directa de ventas y la promoción de nuestros productos a nivel de centros hospitalarios, en dependencia directa del Jefe Regional de Ventas

**Se requiere:**

- Experiencia en ventas, no necesariamente en este ramo.
- Formación mínima a nivel de Bachillerato Superior.
- Dedicación exclusiva.
- Residencia en Madrid.
- Dispuesto a viajar.
- Carnet de conducir y vehículo propio.

**Se ofrece:**

- Incorporación inmediata.
- Retribución fija más incentivos superior a los 2.200.000 pesetas brutas.
- Dietas y gastos de automóvil acordes con el prestigio del puesto.
- Integración a plantilla de empresa bien introducida en el mercado.
- Trabajo en equipo y buen ambiente laboral.
- Formación constante a cargo de la Empresa.

Si este puesto le interesa y desea incorporarse a una Empresa como la nuestra, dedicada al servicio de la Salud Pública, escríbanos al Apartado 1,279 de Barcelona, indicando la referencia D.V.M. y adjuntando amplios datos personales, así como fotografía reciente y teléfono de contacto. Aseguramos absoluta reserva.

# Listening comprehension

On a visit to a Spanish company in Madrid you have a chance to talk to the general manager about the working conditions within the organization.

1   Listen to the information given and summarize the main points in English.
2   On your return home you tell a colleague of yours about your visit to the company. He has some specific questions to ask you. Answer them according to the information given in the talk.

   (a)  What hours do they work?
   (b)  Do they work the same hours the whole year round?
   (c)  Do they work five or six days a week?
   (d)  How many weeks of vacation do they have?
   (e)  What benefits are there for the employees?
   (f)  What plans does the company have?

# Reading comprehension

México

México es el segundo país de Latinoamérica con respecto a población y el primero entre los países de habla española. Su capital, Mexico D.F., es una de las ciudades de mayor crecimiento demográfico en el mundo. Por su superficie, México ocupa el tercer lugar en América Latina, después de Brasil y Argentina.

## Los mexicanos

México tiene una población aproximada de 72 millones de habitantes, con una tasa de crecimiento anual de 3,5 por ciento. La tasa de nacimiento es del 47 por mil y la tasa de mortalidad del 9 por mil. El gobierno realiza en la actualidad un extenso programa nacional para el control de la natalidad.

Como en otros países latinoamericanos, gran parte de la población es mestiza (60 por ciento), es decir, es una mezcla de indio y europeo. La población indígena del país se calcula en un 25 por ciento.

De esta población, alrededor del 40 por ciento vive en zonas rurales donde las condiciones de vida son frecuentemente difíciles y hasta primitivas y donde hay un alto porcentaje de analfabetismo.

## La economía mexicana

México pasa hoy por un rápido proceso de transición, de una sociedad agrícola a una sociedad industrial. La agricultura mexicana proporciona al país una parte importante de sus ingresos, a través de la exportación de productos tales como azúcar, café, algodón, tomates, etc. La industria pesquera se encuentra actualmente en un proceso de expansión.

México, al igual que Venezuela, tiene grandes reservas de petróleo

Actualmente, sin embargo, la exportación de productos manufacturados es superior a la de productos agrícolas. México se industrializa rápidamente. Entre las industrias más importantes están la siderúrgica, la industria del cemento, la industria química, textil, automotriz, etc. México cuenta con enormes reservas de petróleo que lo colocan a la par con otros países de la OPEP (Organización de Países Exportadores de Petróleo).

Otra fuente de ingresos importante para México es el turismo. La variedad de sus paisajes y la cercanía de los Estados Unidos traen cada año casi dos millones de turistas norteamericanos.

**1**  Tell whether the following statements are true or false. Correct false statements.

(a)  México es el país con mayor población en América Latina.

(b)  Argentina es más grande que México.

(c)  La población mexicana aumenta en cuarenta y siete mil personas cada año.

(d)  La mayoría de los mexicanos son blancos, descendientes directos de los españoles.

(e)  Una cuarta parte de la población es indígena.

(f)  Hay más mexicanos en zonas rurales que en la ciudad.

**2**  Translation

Translate the passage "Los mexicanos" into English.

**3**  Answer in Spanish:

(a)  ¿Qué productos agrícolas exporta México?

(b)  ¿Qué industria se encuentra en expansión?

(c)  ¿Qué exporta más México, productos manufacturados o productos agrícolas?

(d)  ¿Cuáles son las industrias más importantes?

(e)  ¿Qué importancia tiene la industria petrolera?

(f)  ¿De dónde procede gran parte del turismo mexicano?

## Summary

**Asking and answering questions about general and habitual actions**

(i)  ¿A qué hora entra(s) a trabajar?
Entro a las nueve y media.

124

(ii) ¿A qué hora se (te) levanta(s)?
Me levanto a las ocho.

(iii) ¿Dónde come(s)?
Normalmente vengo a comer a casa.

(iv) ¿Qué hace(s) después del trabajo?
Leo y veo televisión.

(vi) ¿Cómo va(s) al trabajo?
Voy en coche.

(vii) ¿En qué consiste su (tu) trabajo?
Preparo ofertas, asesoro en la preparación de contratos y dirijo y controlo obras.

## Grammar

**1 Salir, ofrecer**

*Hacer, salir* and *ofrecer* are irregular in the first person singular of the present tense indicative.

| hacer | salir | ofrecer |
|---|---|---|
| **hago** | salgo | ofrezco |
| haces | sales | ofreces |
| hace | sale | ofrece |
| hacemos | salimos | ofrecemos |
| hacéis | salís | ofrecéis |
| hacen | salen | ofrecen |

**Hago** llamadas locales.
**Salgo** de casa a las nueve.
Les **ofrezco** café.

**2 Radical changing verbs**

(a) e ⟩ ie

| empezar | |
|---|---|
| empiezo | |
| empiezas | |
| empieza | a las nueve y media |
| empezamos | a las cuatro de la tarde |
| empezáis | |
| empiezan | |

Similar verbs are: atender, cerrar, comenzar, despertarse, encender, entender, pensar, preferir, querer, sentarse, sentir, sentirse.

(*b*)  o 〉 ue

| volver | |
|---|---|
| vuelvo | |
| vuelves | |
| vuelve | a casa a las ocho |
| volvemos | al trabajo a las tres |
| volvéis | |
| vuelven | |

Similar verbs are: acostarse, contar, costar, encontrar(se), mostrar, volar, mover, poder, soler, morir.

**3  Reflexive verbs** (present tense indicative)

| (yo) | **me** | levanto | a las siete |
|---|---|---|---|
| (tú) | **te** | levantas | |
| (él) | | | |
| (ella) | **se** | levanta | temprano |
| (usted) | | | |
| (nosotros) | **nos** | levantamos | |
| (vosotros) | **os** | levantáis | tarde |
| (ellos, -as) | **se** | levantan | |
| (ustedes) | | | |

**4  Frequency adverbs**

| **normalmente** | |
|---|---|
| **generalmente** | leo |
| **a veces** | veo la televisión |
| **siempre** | voy a la piscina |
| **nunca** | |

**5  Verb + preposition**

Salgo **de** casa a las 9.00.
Llego **a** casa a las 6.00.
Entro **a** trabajar a las 9.30.
Vuelvo **a** casa a las 6.15.
Escribo las cartas **a** máquina.
Asisto **a** reuniones.

# Unidad 12

# DEBE TRAER SU PASAPORTE

### Dialogue

Paul Richards wants to open a bank account. This is a conversation between him and a bank clerk in Spain.

| | |
|---|---|
| *Empleada* | ¿Qué desea? |
| *Sr. Richards* | Quisiera saber si es posible abrir una cuenta en moneda extranjera. |
| *Empleada* | Usted no es residente en España, ¿verdad? |
| *Sr. Richards* | No, no soy residente, pero vengo aquí a menudo por razones de negocios. |
| *Empleada* | Los no residentes pueden tener cuentas a la vista, con preaviso y a plazo. ¿En qué moneda quiere usted la cuenta? |
| *Sr. Richards* | En dólares. ¿Qué interés pagan ustedes? |

126

| | |
|---|---|
| *Empleada* | Eso depende del tipo de cuenta. Por cuentas a la vista pagamos el diez por ciento anual, libres de impuestos. |
| *Sr. Richards* | ¿Y qué debo hacer para abrir una cuenta? |
| *Empleada* | Debe firmar una solicitud de apertura y registrar su firma. Además debe traer su pasaporte para gestionar su certificado de no residencia ante las autoridades españolas.<br>¿Quiere llevar una solicitud ahora? |
| *Sr. Richards* | Sí, por favor. |
| *Empleada* | Aquí tiene usted. |
| *Sr. Richards* | Gracias. |

## Practice

**1**  Answer in Spanish:

(a)  ¿Qué quiere saber Paul Richards?
(b)  ¿Es residente en España?
(c)  ¿Por qué viene a España a menudo?
(d)  ¿Qué tipos de cuentas pueden tener los no residentes?
(e)  ¿En qué moneda quiere la cuenta?
(f)  ¿Qué interés pagan por cuentas a la vista?
(g)  ¿Debe pagar impuestos?
(h)  ¿Qué debe hacer para abrir la cuenta?

## 2 Translation

You are working as a translator for a large multinational company based in Spain. On your desk this morning you find a note from the Personnel Department asking you to do a translation into English for distribution among secretarial staff dealing with English speakers on the telephone. Make the necessary adaptations to the English text.

### ANEXO Nº. 1

#### TELÉFONOS Y EXTENSIONES

1 No debe utilizarse solamente el *"Dígame"*.

2 La persona que atiende el teléfono debe identificarse y saludar. P.ej.: *"Juan Pérez, buenos días"*.

3 En caso de ausencia de la persona a quien se llama, alguien siempre debe atender su teléfono, ofrecer tomar el recado y pasar el recado al interesado.

4 En caso de no poder atender una comunicación, siempre debe ofrecer devolver la llamada y cumplir.

5 En caso de llamadas de clientes o público en general debe mantenerse una actitud cortés y amable y agradecer la llamada: *"gracias por esta información"*, etc.

6 Es preferible volver a llamar a una persona que dejarla esperando en la línea.

## 3 A telephone conversation

You are on business in Spain and receive a telegram from your company instructing you to travel on to Mexico. Get together with another student and practice this situation:

*Student A*   You telephone the Mexican Consulate in Madrid and say that you have to travel to Mexico on business. Ask whether you need a visa and what you have to do in order to obtain it.

*Student B*   You are a Spanish speaker working at the Mexican Consulate in Madrid. Someone telephones to make inquiries about a visa. Greet the caller and ask him what he wants. In order to answer his inquiry you must ask him what passport he has.

U.S. passport holders must have a visa and in order to obtain it the caller must come to the Consulate and fill in a form. He only needs to bring his passport to receive the visa.

Useful words and phrases:

| | |
|---|---|
| obtener un visado | *to obtain a visa* |
| rellenar un formulario | *to fill in a form* |
| (una carta) explicando la razón de su viaje | *(a letter) explaining the reason for your trip* |
| consulado | *consulate* |
| pasaporte | *passport* |

## 4 Reading

From Mexico you travel on to Bogotá, Colombia. You would like to take a vacation and travel by car to Venezuela. You contact the Venezuelan Consulate in Bogotá to find out what you need to do in order to bring a car into the country. Read this information sent to you by the Consulate and check your understanding by answering in English the questions which follow:

> Una persona que viaje como turista puede traer su coche a Venezuela sin pagar derechos de aduana. Para ello debe obtener un certificado del Consulado de Venezuela que identifique su coche. En este documento debe incluirse el número de serie y del motor, número de matrícula y marca del coche. Si la estancia del turista es de más de ocho días este certificado debe incluirse en la Carta de Turismo expedida por el Consulado. A su llegada a Venezuela el conductor del vehículo debe presentar este documento en la oficina del Departamento de Turismo más próximo.

(a) Can you bring a car into Venezuela?
(b) Do you have to pay anything?
(c) What documents do you need?
(d) Where can you get them?
(e) What must you do when you arrive in Venezuela?

## B Talking about future plans, intentions and purposes

### Dialogue

Sr. García talks to Isabel about today's schedule at the office.

**Sr. García**  Buenos días, Isabel. ¿Cuál es el programa para hoy?

**Isabel**  Un momento. (*Looking at her calendar*) Pues, a las diez y media va a venir el señor Green de Nueva York. A las doce van a traer el nuevo ordenador y a las tres y media va a llegar la señora Sanz de Barcelona para la entrevista.

**Sr. García**  ¿Qué va a hacer usted esta mañana?

**Isabel**  Voy a responder la carta del señor Ríos de Costa Rica, después pienso terminar el acta de la reunión de ayer y a las once voy a ir al Banco Hispanoamericano.

**Sr. García**  ¿A qué hora va a volver?

**Isabel**  Espero volver antes del mediodía.

## Practice

**1 Answer in Spanish:**

(a)  ¿Quién va a venir a las diez y media?
(b)  ¿Qué van a traer a las doce?
(c)  ¿A qué hora va a llegar la señora Sanz?
(d)  ¿A quién va a escribir Isabel?
(e)  ¿Qué piensa hacer después?
(f)  ¿Adónde va a ir a las once?
(g)  ¿A qué hora espera volver?

**2** You have a busy day at the office today. Your boss comes in and asks you what you are going to do. Look at the notes below and answer using the form *"voy a + infinitive"*.

| Martes 13 | Mayo |
|---|---|

Enviar convocatoria para la reunión del viernes 16.

Escribir a la papelería para pedir más material.

Llamar a la agencia de viajes para reservar una plaza para Nueva York.

Llamar al servicio de averías de la Telefónica para que instalen una nueva extensión.

Telefonear al Hotel Don Quijote para cancelar la reserva del Sr. Castro.

**3** Isabel and a friend are going to the ballet. This is the ballet they are going to see. Study the advertisement and answer the questions:

(a) ¿Qué ballet van a ver?
(b) ¿En qué teatro lo ponen?
(c) ¿Qué días hay función?
(d) ¿A qué hora empieza la función?

**TEATRO NACIONAL DE LA ZARZUELA**

Campaña de divulgación escolar del Ballet Clásico

**BALLET NACIONAL CLASICO**

Director: Víctor Ullate

Días 7, 8, 9, 10 de diciembre
11.30 de la mañana
(Escolares, gratuito)

Reservas: teléfono 419 80 07. Tardes

ORGANIZACION Y REALIZACION
TEATROS NACIONALES Y FESTIVALES DE ESPAÑA
DIRECCION GENERAL DE MUSICA Y TEATRO
MINISTERIO DE CULTURA

**4** Sustained speaking

Give a brief talk outlining your plans for a particular day, a weekend or a holiday. Use expressions like these:

| | | |
|---|---|---|
| Voy a ... | (+ infinitive) | *I'm going to ...* |
| Pienso ... | (+ infinitive) | *I'm thinking of ...* |
| Espero ... | (+ infinitive) | *I hope to ...* |

**5** Translation

You are working in the Import Department of a company which imports and distributes goods from Spain. A telex in Spanish has been received and it has been passed on to you for translation. Translate it accurately in a suitable form of English.

---

REFERENTE ENTREGA ZAPATOS PEDIDO NO RZ6/58324/MQ
LAMENTAMOS IMPOSIBLE EFECTUAR TOTALIDAD ANTES
FINES JUNIO DEBIDO PROBLEMAS LABORALES STOP
ESPERAMOS HACER ENTREGA PARCIAL MEDIADOS JUNIO
STOP  ROGAMOS CONFIRMACION DE SER ACEPTABLE.

---

**6** Writing

You have been asked to reply in Spanish to the telex above on the basis of these notes:

— Thanks for telex.
— Please confirm exact date of partial delivery and quantities.
— Hope to receive main order before 30th June.

Useful expressions:

| | |
|---|---|
| Agradecemos ... | *We thank you ...* |
| Rogamos confirmar ... *or* Rogamos confirmación ... | *Kindly confirm ...* |
| Esperamos ... el saldo del pedido ... | *We hope ... the remainder of the order ...* |

# Listening comprehension

A representative of Comercial Hispana is traveling to South America on business. At a meeting in Madrid he outlines his plans. A secretary has been asked to take notes of the travel arrangements in case the representative needs to be contacted. Listen and complete the table below with the appropriate information in Spanish as the secretary might have done.

| Destino | Fechas | Alojamiento | Notas |
|---------|--------|-------------|-------|
| 1  Caracas | 2–7 febrero | Hotel Bolívar | 1 día en Maracaibo |
| 2 | | | |
| 3 | | | |
| 4 | | | |
| 5 | | | |

Now outline the representative's route on this map of South America.

Imagine that you are working for a large company. You have been asked to travel to Mexico and Central America. Look at the map on page 51 and outline your travel arrangements as made by the representative of Comercial Hispana.

# Reading comprehension

Los españoles viajan

Casi una tercera parte de los españoles – 10 millones – sale anualmente al extranjero, según las estadísticas que maneja la Secretaría de Turismo. Pero cerca de la mitad de ellos pasa por la frontera de Andorra, es decir, que se trata de un turismo con carácter un tanto comercial. Dentro del país, en cambio, los viajes tienen un carácter puramente festivo. Cada vez más los españoles se inclinan por el viaje organizado. Las agencias de viajes y los tours operadores venden con la ventaja para el turista de obtener un precio menor y una mayor garantía de satisfacción.

¿Los sitios preferidos? Las playas. Los madrileños se inclinan por la zona de Levante. Los dos últimos años, además, registran un fuerte aumento del interés por las islas Canarias.

Casi una tercera parte de los españoles sale anualmente al extranjero

## Viajar a precios bajos

El secreto de los precios bajísimos es muy simple: se trata de billetes expedidos por compañías aéreas que no pertenecen a la organización internacional de aviación — IATA — que fija la tarifas de vuelos internacionales y otras reglas del juego entre las empresas asociadas. O de lo contrario de *charters* (vuelos no regulares, especialmente fletados) que deben ser reservados con un mes o más de antelación. O, en algunos casos, de vuelos especiales — air-train — en los que no hay reserva posible y el pasajero debe esperar hasta que encuentre un vuelo con asientos disponibles.

## Viaje hoy, pague mañana

Más de 700 millones de ciudadanos de todo el mundo utilizan la tarjeta de crédito para pagar sus compras o sacar dinero de su cuenta corriente. Otro número, cada vez más numeroso, prefiere viajar en verano y pagar durante los largos inviernos.

En España se utilizan tanto tarjetas internacionales como tarjetas que son válidas solamente dentro del país.

(*Cambio 16*, Nº 391)

**1**  Summarize in English the passage "Los españoles viajan".

**2**  Translate into English the passage "Viajar a precios bajos".

**3**  **Answer in Spanish:**
(a)  ¿Qué número de españoles sale al extranjero anualmente?
(b)  ¿Qué frontera cruza el 50 por ciento de los españoles?
(c)  ¿Qué tipo de viajes prefieren los españoles ahora?
(d)  ¿Adónde prefieren ir?

## Summary

**A  Discussing procedures**

¿Qué debo hacer para abrir una cuenta?
Debe firmar una solicitud de apertura y registrar su firma.

**B  Making recommendations**

No debe utilizarse solamente el "Dígame".
Es preferible volver a llamar a una persona que dejarla esperando en la línea.

**C  Talking about future plans**

¿Qué va a hacer usted esta mañana?
Voy a responder la carta del señor Ríos.

**D  Talking about intentions**

Pienso terminar el acta de la reunión de ayer.
Espero volver antes del mediodía.

**E  Talking about purposes**

Va a llegar la señora Sanz para la entrevista.
Voy a llamar a la agencia de viajes para reservar una plaza.

136

## Grammar

**1** Deber + infinitive

| | |
|---|---|
| **debo** | firmar una solicitud |
| **debe** | registrar la firma |
| **deben** | obtener un certificado |

**2** Immediate future

| | | |
|---|---|---|
| **voy**<br>**vas**<br>**va**<br>**vamos**<br>**vais**<br>**van** | **a** | responder una carta<br>ir al banco<br>llamar a la Telefónica |

**3** Esperar + infinitive

| | |
|---|---|
| **espero** | volver antes del mediodía |
| **espera** | estar aquí a las dos |
| **esperamos** | ir al cine |

**4** Pensar + infinitive

| | |
|---|---|
| **pienso**<br>**piensas**<br>**piensa**<br>**pensamos**<br>**pensáis**<br>**piensan** | terminar el acta<br>viajar a Sudamérica<br>abrir una cuenta<br>ir en avión |

**5** Para (purpose)

| | |
|---|---|
| **para** | reservar una plaza<br>la entrevista<br>pedir más material |

# Unidad 13

# CONSOLIDACION

**1** You are attending an interview for a job and you are asked to provide some personal information. Answer each of the interviewer's questions in the blank spaces below.

*Pregunta*　¿Cuál es su nombre?

*Respuesta*　. . . . . . . . . . . . . . . . .

*Pregunta*　¿Su nacionalidad?

*Respuesta*　. . . . . . . . . . . . . . . . .

*Pregunta*　¿Cuál es la fecha de su nacimiento?

*Respuesta*　. . . . . . . . . . . . . . . . .

*Pregunta*　¿De dónde es usted?

*Respuesta*　. . . . . . . . . . . . . . . . .

*Pregunta*　¿Está usted casado(a) o soltero(a)?

*Respuesta*　. . . . . . . . . . . . . . . . .

*Pregunta*　¿Tiene usted hijos?

*Respuesta*　. . . . . . . . . . . . . . . . .

*Pregunta*　¿Cuántos años tienen sus hijos? ¿Su esposo(a)?

*Respuesta*　. . . . . . . . . . . . . . . . .

*Pregunta*　¿Cuál es su dirección?

*Respuesta*　. . . . . . . . . . . . . . . . . . . . . . . . . . . . . . . . . . . . . . .

*Pregunta*　¿Tiene teléfono? ¿Cuál es el número?

*Respuesta*　. . . . . . . . . . . . . . . . . . . . . . . . . . . . . . . . . . . . . . .

137

| | |
|---|---|
| *Pregunta* | ¿Trabaja usted? (¿Dónde?) |
| *Respuesta* | ............................................... |
| *Pregunta* | ¿Cuál es la dirección de la firma? |
| *Respuesta* | ............................................... |
| *Pregunta* | ¿Qué estudia usted? ¿Dónde? |
| *Respuesta* | ............................................... |
| *Pregunta* | ¿Cuántas horas de trabajo (y/o de clases) tiene a la semana? |
| *Respuesta* | ............................................... |
| *Pregunta* | ¿Cuál es su horario de trabajo (y/o de clases)? |
| *Respuesta* | ............................................... |
| *Pregunta* | ¿Tiene usted coche? |
| *Respuesta* | ............................................... |

**2** You are conducting a job interview in Spanish and have to ask the candidate for some personal information. Get together with another student and ask questions like the ones above. Take notes of the information he or she gives you.

**3** Writing

You are writing a note to a Spanish-speaking colleague about the candidate you interviewed. Use your notes on the applicant to complete this form:

De . . . . . . . . . . . . . . . . . . . . . . Fecha . . . . . . . . . . . . . . . . . . . . . . . . . . . .

A . . . . . . . . . . . . . . . . . . . . . . . . . .

"(*Name of applicant*) parece la persona apropiada para el puesto. Es norteamericano (*inglés, etc.*), de Los Angeles (de Birmingham, etc.), está casado(a), soltero(a) . . ."

## 4  Reading

Read this information about Antonio Robles, an advertising agent from Caracas.

"Me llamo Antonio Robles, soy venezolano, de Caracas, tengo 24 años y estoy soltero. Vivo en la Avenida La Guaira, 345, apartamento B, en el centro de Caracas. Soy agente de publicidad y trabajo en una firma en las afueras de Caracas. Trabajo 35 horas, de lunes a viernes. Entro a las 9.30 de la mañana y termino a las 4.30. Normalmente almuerzo en el restaurante de la compañía. Tengo cuatro semanas de vacaciones por año y generalmente las tomo en el verano. Voy al extranjero.
Por las tardes asisto a clases de inglés en una Academia de Idiomas que está bastante cerca de mi casa. Tengo seis horas de clase por semana, los lunes, miércoles y viernes de 7.00 a 9.00. Estoy en el curso avanzado y ya hablo bastante.

Por la tarde asisto a clases de inglés en una Academia de Idiomas

Cuando no tengo clases me gusta ir al cine o salir con mis amigos. A veces me quedo en casa, oigo la radio o leo el periódico o algún libro interesante."

### Answer in Spanish:

(a)  ¿De qué país es Antonio Robles?
(b)  ¿De qué ciudad es?
(c)  ¿Cuántos años tiene?
(d)  ¿Está soltero o casado?
(e)  ¿Dónde vive?
(f)  ¿En qué trabaja?
(g)  ¿Cuántas horas por semana trabaja?
(h)  ¿Qué días trabaja?
(i)  ¿Cuál es su horario?
(j)  ¿Dónde almuerza?
(k)  ¿Cuántas semanas de vacaciones tiene?
(l)  ¿Adónde va en sus vacaciones?
(m)  ¿Qué hace por las tardes?
(n)  ¿A qué hora va a clase?
(o)  ¿Qué días va?
(p)  ¿En qué curso está?
(q)  ¿Qué hace cuando no tiene clases?

## 5  Sustained speaking/Writing

Give similar information about yourself, orally first, then in writing following the passage above as a model.

140

**6** The Sales Manager of your firm, Mr Dennis Steel of 95 Regent Avenue, Brownsville, Telephone No. 740 1362, has just returned from Spain. At a meeting, he picked up a copy of a magazine which he thought might be of interest to him. In it there is a subscription form and he would like you to fill it in on his behalf and to let him know how much a two-year subscription costs and how he can pay for it. A two-year subscription entitles him to one of two gifts. Tell him what these are and ask him which one he would like to have.

**BOLETIN DE SUSCRIPCION**

Nombre _____

Dirección _____

Profesión _____ Sector empresa _____ Cargo que ocupa _____

Población _____ D.P. _____ Teléfono _____

Deseo recibir:
25 ejemplares (2.200 Ptas.) ☐   30 ejemplares (2.700 Ptas.) ☐   40 ejemplares (3.600 Ptas.) ☐
60 ejemplares (5.400 Ptas.) ☐   80 ejemplares (7.200 Ptas.) ☐
OFERTA ESPECIAL: 2 AÑOS (104 ejemplares) y el DICCIONARIO ECONOMICO
FINANCIERO (9.700 Ptas.) ☐
2 AÑOS Y LA CALCULADORA UNITREX LC-107 (9.700 Ptas.) ☐
Europa: 12.100 Ptas ☐   América: 16.500 Ptas. ☐

**FORMA DE PAGO:**
☐ Talón a nombre de Punto Editorial, S.A.              ☐ YA SOY SUSCRIPTOR
☐ Domiciliación bancaria                            Adjunto etiqueta del último ejemplar
  (Adjunto boletin autorización pago)

**7** You have decided to teach yourself Spanish at home. Study the information in this advertisement and then fill in the coupon.

**AUTOENSEÑANZA**
POR VIDEO (SIN PROFESOR)

**IDIOMAS**   **NIVELES**

Inglés    Iniciación
Francés   Medio
Alemán    Avanzado
Español   Comercial y profesional
          Mantenimiento (Videocine)

D . . . . . . . . . . . . . . . . . . . . . . . .
Domicilio. . . . . . . . . . . . . . . . . . .
Población. . . . . . . . . . . . . . . . . . .
Teléfono . . . . . . . . . . . . . . . . . . .
Solicito más información sobre:

☐ Inglés    ☐ Servicio empresas
☐ Francés   ☐ Domicilio
☐ Alemán    ☐ Autoenseñanza por video
☐ Español   ☐ Videochildren
            ☐ Videocine

**8** Translation

You are working for a firm which has connections in Mexico. The company wishes to hold a conference in a Mexican hotel and about a hundred people are expected to attend. You have been sent a hotel brochure in Spanish and one of the organizers of the conference has asked you to translate all the important and relevant information about hotel facilities: accommodations, conference rooms, in-hotel entertainment for evening relaxation, attractions in the city or surroundings, etc.

HOTEL CAMINO REAL: 250 cuartos, 6 suites. - Playa las Estacas. - Aire acondicionado. - Servicio de valet. - Música. - T.V. - Room service. - Teléfonos. - Cafetería. - Restaurante. - Bar. - Centro Nocturno. - Salón para banquetes. - Salón para convenciones. - Estacionamiento. - Peluquería. - Salón de belleza. - Agencia de viajes. - Tiendas. - Tabaquería. - Alberca. - Tenis. - Deportes acuáticos. - Playa propia. - Servicio Médico. - Servicio de Niñera. - Tel: 2-00-02. - Reservaciones en México: 522-51-44.

**9** You are working at the reception of a large hotel, which is well patronized by Spanish-speaking tourists. Part of your job is to answer questions about facilities available in the hotel or in the town, times of meals, etc. Look at the hotel plan and map of the area, and read the information below before you answer the questions.

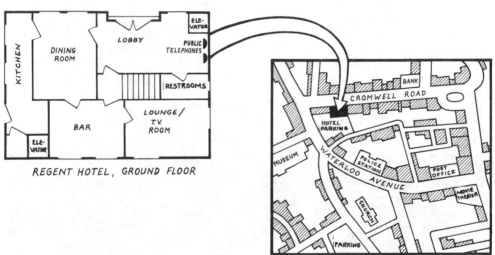

REGENT HOTEL, GROUND FLOOR

(a)  ¿A qué hora comienza el desayuno?
(b)  ¿A qué hora termina?
(c)  ¿Dónde está el comedor?
(d)  ¿Dónde está la sala de televisión?
(e)  ¿Dónde están los servicios?
(f)  ¿Dónde se puede aparcar?
(g)  ¿Hay algún banco por aquí?
(h)  ¿Dónde puedo comprar sellos?
(i)  ¿Dónde están los teléfonos públicos?
(j)  ¿Qué tengo que hacer para llamar por teléfono?

## 10 Sustained speaking/Writing

Read this description of someone's house.

Mi casa está en la Calle Libertad, 426, en Guadalajara, México. Es una casa grande, de un piso solamente. Tiene cinco habitaciones: tres dormitorios, un comedor y una sala, además del cuarto de baño y la cocina. Mi dormitorio es grande y da a la calle.

En el centro de la casa hay un patio con muchas flores y plantas. En los meses de verano mi familia y yo comemos en el patio.

El barrio donde vivimos es bastante tranquilo. Nuestra casa está a cinco minutos de la calle principal donde hay un supermercado, un banco, Correos y algunas tiendas.

Now describe the place where you live, orally first, then in writing.

## 11 Sustained speaking/Writing

Describe the scene in this picture, orally first, then in writing, giving as much information as possible.

## 12 Translation

You are working for a firm which has an office in Bilbao. The company is looking for a new car and you have been asked to study this information and translate into English all the relevant details about the car.

Motor: 1.995 c.c.
Potencia: 122 CV DIN
a 5.500 r.p.m.
Encendido electrónico.
Inyección electrónica.
5 Velocidades.
Velocidad máxima 180 Km/h.
Longitud: 4.335 mm.
Anchura: 1.706 mm.

EQUIPO: Aire acondicionado.
Cristales atérmicos. Dirección asistida. Check Control.
Volante regulable. Alzacristales eléctrico. Reloj Digital.
Cinturones automáticos.
Cristales atérmicos y luna térmica. Apoyacabezas delanteros y traseros.

## 13 Summary

One of your colleagues has just returned from Spain and has asked you to summarize in English the information from this advertisement which she found in the in-flight magazine.

### Report from Spain

*Report from Spain* es una síntesis semanal de todas las noticias que se han producido en España. Comprende esta síntesis una selección de noticias políticas y económicas acompañadas siempre del correspondiente background, de manera que resulten comprensibles. En total, se trata de las 15 ó 20 informaciones más importantes que se han producido durante la semana y que permiten tener una visión rápida del momento que vive España, a cualquier persona que, en principio, desconozca los entresijos de la realidad del país. Para redactar este boletín, al que puede suscribirse cualquier hombre de empresa que lo desee, se ha elegido el inglés por ser el idioma más generalizado entre todos los empresarios extranjeros en España. ∎

(*Actualidad Económica* Nº 1287)

## 14 At sight translation

You are looking for a job in Spain and have discussed this with one of your colleagues. He has seen you looking at some advertisements (below and page 144) and would like to know what jobs are being advertised and what the requirements and conditions of work are for each. Translate this information orally for him.

**Ingeniero** Telecomunicación, para Director Comercial, productos electrónicos, jornada continuada. Tel. 255 80 00 (M-1746226).
**Mecanógrafo/a,** para inglés, jornada intensiva. Tel. 255 80 00 (M-1745601).
**Azafatas** y ejecutivos comerciales. General Moscardó, 3, 2º D.

**ENCARGADO TIENDA CONFECCION DE SRA. DE 600 M.**
Imprescindible experiencia en el ramo

Edad de 25–30 años, sueldo a partir de 1.500.000 Ptas. Interesados, llamar al Tel. 445 77 13 - 14.
Preguntar por el Sr. De Diego, de 8 a 14.30 horas.

## 15 Reading

Your employer is going to travel to Cuba on business but she knows very little about the country. Read this information about Cuba and then answer her questions in English.

## Cuba

Cuba es la isla más grande del Caribe y está a 145 km de la costa de Florida. Tiene una longitud de 1.050 km y 160 km en su punto más ancho. Su población es de 8.500.000 habitantes. La mayor parte de los cubanos, alrededor del 75%, son descendientes de los antiguos colonizadores españoles y de otros inmigrantes. El resto está constituido por gente de raza negra y un porcentaje muy pequeño de chinos.

La capital de Cuba es la Habana, la ciudad más grande del Caribe, que tiene una población de 1.800.000 habitantes. La Habana es una ciudad moderna, pero aún conserva algunas de sus construcciones coloniales; plazas, iglesias, antiguos palacios y monasterios se mezclan con modernos edificios de apartamentos y oficinas.

La economía cubana depende del azúcar, que representa alrededor del 80% de sus exportaciones. También se exporta tabaco. Los puros cubanos son conocidos en todo el mundo. Otra de las actividades agrícolas más importantes en la Isla es la producción de carne. Cuba tiene importantes reservas minerales, particularmente de níquel y de acero. Además hay yacimientos de manganeso, cobre, cromo y algo de petróleo.

**Answer in English:**

(*a*)  How does Cuba compare in size with other Caribbean islands?
(*b*)  What is the length of the island?
(*c*)  How wide is it at its widest point?
(*d*)  What is the population of Cuba?
(*e*)  What is the population of Havana?
(*f*)  Is Havana a very modern city?
(*g*)  What is Cuba's main export?
(*h*)  What else does Cuba export?
(*i*)  What mineral products can be found on the island?
(*j*)  Is there any oil?

## 16 Reading/Writing

### El Perú

Lima es la capital del Perú. Tiene una población de alrededor de 4 millones de habitantes, lo que representa aproximadamente un 25% de la población total (16 millones). Los habitantes de Lima se llaman limeños.

El puerto más cercano a la capital y el más importante del país es el Callao, que está a 13 km de Lima.

Las tiendas de Lima abren entre las 9.30 y las 12.45 y entre las 16.15 y las 19.00 horas. En las tiendas se pueden comprar bonitos productos de artesanía, principalmente de oro y de plata.

Answer in Spanish:

(a)  ¿Cuál es la capital del Perú?
(b)  ¿Qué población tiene la ciudad?
(c)  ¿Cómo se llaman los habitantes de Lima?
(d)  ¿Cuál es el puerto más cercano a la capital?
(e)  ¿A qué distancia de Lima está el puerto?
(f)  ¿A qué hora abren las tiendas en Lima?
(g)  ¿Qué productos de artesanía se pueden comprar?

Now look at this information and write a similar paragraph about Quito.

| EL ECUADOR | |
|---|---|
| Capital | Quito |
| Población | 600.000 |
| % de la población total (6.500.000) | 10% |
| Nombre de los habitantes | quiteños |
| Puerto más importante | Guayaquil |
| Distancia desde Quito | 464 km |
| Horario de tiendas | 8.30–12.00/14.00–18.00 |
| Artesanía | madera tallada, plata |

**17** You are working for the summer at a travel agency in Barcelona. A customer comes in to make inquiries about coach travel to Marseilles. Look at this information and then answer his questions.

| ATCAR(RENFE)JULIA—INTERBUS BARCELONA - MARSELLA | | | |
|---|---|---|---|
| SERVICIO DIARIO (excepto domingos)    TODO EL AÑO | | | |
| 08'30 | BARCELONA | —Pl. Universidad, 12 | 17'15 |
| 09'45 | GERONA | —Estación RENFE | 16'00 |
| 10'15 | FIGUERAS | —Ramblas C. Continental | 15'30 |
| 13'45 | BEZIERS | —23, boulevard de Verdun | 12'00 |
| 14'15 | SETE | —13, quai de la République | 11'30 |
| 14'45 | MONTPELLIER | —Estación Auto-buses | 11'00 |
| 15'30 | NIMES | —3, square de la Couronne | 10'15 |
| 16'00 | ARLES | —22, B. Georges Clemenceau | 09'45 |
| 16'35 | SALON | —39, Cours Carnot | 09'10 |
| 17'00 | AIX EN PROVENCE | —Estación Auto-buses | 08'45 |
| 17'15 | MARSELLA | —45, allées Léon Gambetta | 08'30 |

| | BARCELONA | |
|---|---|---|
| | PESETAS | |
| | IDA | IDA Y VUELTA |
| BEZIERS | 1.680 | 3.020 |
| MONTPELLIER | 1.780 | 3.200 |
| NIMES | 1.890 | 3.400 |
| BEAUCAIRE | 1.920 | 3.460 |
| TARASCON | 1.940 | 3.490 |
| ST. REMY | 1.980 | 3.560 |
| PLAN D'ORGON | 2.060 | 3.700 |
| CAVAILLON | 2.100 | 3.780 |
| AIX EN PROVENCE | 2.130 | 3.830 |
| MARSELLA | 2.170 | 3.900 |

| | |
|---|---|
| *Pregunta* | ¿Qué días hay autocar a Marsella? |
| *Respuesta* | . . . . . . . . . . . . . . . . . |
| *Pregunta* | ¿A qué hora sale de Barcelona? |
| *Respuesta* | . . . . . . . . . . . . . . . . . |
| *Pregunta* | ¿Y a qué hora llega a Marsella? |
| *Respuesta* | . . . . . . . . . . . . . . . . . |
| *Pregunta* | Un amigo mío quiere tomar el autocar en Figueras. ¿A qué hora pasa por allí? |
| *Respuesta* | . . . . . . . . . . . . . . . . . |
| *Pregunta* | ¿Cuánto vale el billete de ida? |
| *Respuesta* | . . . . . . . . . . . . . . . . . |
| *Pregunta* | ¿Y de ida y vuelta? |
| *Respuesta* | . . . . . . . . . . . . . . . . . |

**18** While you are visiting Spain you are invited to a wedding. You go to a large department store to buy a wedding present. Choose an item from the list below and then complete your part of the conversation with the sales assistant.

# Cocina

| | |
|---|---|
| Armarios | Juego de botes |
| Sillas | Especiero |
| Mesa | Tabla para quesos |
| Escalera | Tabla para paños |
| Tabla de plancha | Tabla para apuntes |
| Frigorífico | Mortero |
| Lavadora | Abrebotellas |
| Lavavajillas | Fuentes para horno |
| Batería de cocina | Juego de cuchillos |
| Juego de sartenes | Fondues |
| Bandejas | Pinchos para fondue |
| Fruteros | Sifón |
| Entremeseras | Juego de cazos |
| Cortafiambres | Mantequera |

| | |
|---|---|
| *Dependienta* | ¿Qué desea? |
| *Usted* | (*Say you want to buy a wedding present (un regalo de bodas) for a friend.*) |
| *Dependienta* | ¿Algo en especial? |
| *Usted* | (*Say you want something practical but not too expensive.*) |
| *Dependienta* | Aquí tiene usted una lista de bodas. ¿Le interesa alguna de estas cosas? |
| *Usted* | (*Yes, you want an (object). You think it is a very practical present.*) |
| *Dependienta* | Tiene usted razón. Es un buen regalo. |
| *Usted* | ¿Cuánto cuesta? |
| *Dependienta* | (*She tells you the price*) Es bastante económico. |
| *Usted* | (*Yes, that's fine. You want to buy it.*) |
| *Dependienta* | Podemos enviárselo si usted quiere. |
| *Usted* | (*That's a good idea.*) |
| *Dependienta* | ¿Cuál es su dirección? |
| *Usted* | (*Say you are at the Hotel Colón, on Avenida Santa María.*) |
| *Dependienta* | ¿Cuál es el número de su habitación? |
| *Usted* | (*You are in room 115.*) |
| *Dependienta* | Perfectamente. Esta misma mañana se lo enviamos. Aquí tiene usted su factura. Pase por caja, por favor. |

## 19 A telephone conversation

Get together with another student and make up a conversation based on this situation:

*Student A*: While in Spain you decide to invite some colleagues for a meal in a restaurant. You phone the "Restaurante La Gamba" and make a reservation for five people for 9 o'clock.

*Student B*: You are the manager at the "Restaurante La Gamba". A customer phones to reserve a table. Ask the customer's name, how many people are coming and at what time.

## 20 A telephone conversation

You are working for a firm in this country. On your desk this morning you found the following memorandum:

To: K. POWELL   Date: 20 May 1983
From: D. TURNER, Sales Manager   Ref:

I am traveling to Madrid for a week on Wednesday,
24th. Could you phone the Hotel Los Ingleses for
me (tel. 602 63 04), and book a double room, as
my wife will be coming with me. I also want to
hire a SEAT 127 for the period. 'Autos
Martínez' have been very helpful in the past.
Their No. is 532 98 07. Tell them I can
pick the car up at the airport

Thank you

*Student A*: Do as instructed in the memo.

*Student B*: You are working at a hotel in Madrid and you receive a telephone call from abroad asking you to make a reservation. Get all the necessary details from the caller: type of room, length of stay, dates, name, etc.

*Student C*: You are working at a car rental firm in Madrid. You receive a telephone call from abroad asking you to reserve a car for someone. Get all the necessary details from the caller: type of car, name, etc.

## 21 A telephone conversation

Get together with another student and make up a conversation based on this situation:

*Student A*: You are attending a meeting in Madrid with a colleague (Mr/Ms Johnson) who does not speak Spanish. Your colleague has to be in Seville at 5.00 p.m. the next day. He/she has asked you to telephone the secretary at the Madrid office of your firm, to find out whether she has the train ticket to Seville. Ask her what time the train leaves and from which station, and arrange to get the ticket from her.

*Student B*: You are a secretary at a firm in Madrid. You have bought a train ticket to Seville for Mr/Ms Johnson. His/her colleague phones you to find out if you have the ticket and to get details of the journey. Tell him/her the train leaves at 8.30 a.m. from Atocha station and that you can take the ticket to his/her hotel at midday.

150

## 22 Translation

You work in a large hotel. The following letter has been sent by a Mexican customer and the person responsible for reservations has asked you to translate it into English.

---

Guanajuato, 26 de mayo de 19 ...

Park Hotel
25 Lakeshore Drive
Sunville, TX 78201
E.E.U.U.

Muy señores nuestros:

Deseo pasar dos semanas en Sunville este verano con mi esposa y mis dos hijos, de ocho y cinco años. Les ruego enviarme información sobre los precios de las habitaciones dobles y sobre posibles rebajas para niños.

Les saluda muy atentamente.

Ricardo Mateluna

Ricardo Mateluna
Calle Las Gaviotas 452
Apto. C
Guanajuato
México

---

## 23 Letter-writing

Answer señor Mateluna's letter giving him the information that he requires. Quote the price of a double room in a good hotel in your country. Tell him that there is a 10% reduction for children.

**24** You are asking a colleague about his daily activities. Complete your part of the conversation with the appropriate questions, using the familiar form.

| | |
|---|---|
| *Pregunta* | ¿A qué hora te levantas? |
| *Respuesta* | Me levanto a eso de las ocho. |
| *Pregunta* | ................................................................ |
| *Respuesta* | Salgo de casa alrededor de las nueve. |
| *Pregunta* | ................................................................ |
| *Respuesta* | Vengo a la oficina en mi coche. Es más rápido y más económico. |
| *Pregunta* | ................................................................ |
| *Respuesta* | Normalmente vuelvo a casa alrededor de las seis de la tarde. |
| *Pregunta* | ................................................................ |
| *Respuesta* | Por la noche veo televisión o leo, a veces voy a casa de algún amigo. |
| *Pregunta* | ................................................................ |
| *Respuesta* | Ceno a las ocho y media, más o menos. |
| *Pregunta* | ................................................................ |
| *Respuesta* | Me acuesto siempre después de las doce. |

Now answer the same questions about your own daily activities.

**25** Summary

Your employer is traveling to Texas and from there by car to Mexico. He has asked you to look over a brochure he has received (shown below and on page 152) and give him a brief summary in English of all the relevant and important information.

---

### VIAJANDO POR MEXICO

**LAS TARJETAS DE TURISMO** son fáciles de obtener y se pueden adquirir en todos los puestos fronterizos. Pero para evitar problemas es conveniente obtenerlas con antelación en el Consulado o la Oficina de Turismo más cercana. Si usted viene a México, no como turista, sino por razones de negocios o como estudiante, debe consultar al Consulado mexicano más cercano.

**SI VIAJA EN COCHE,** el carnet de conducir de su país también es válido en México. En caso de que tenga problemas mecánicos, La Patrulla de Carreteras "Los Angeles Verdes" cubre las principales rutas del país durante el día.

152

SEGURO PARA COCHES. Su póliza de seguro no es válida para México. Al entrar al ⸴ debe obtener de una firma mexicana un seguro contra todo riesgo. El precio del seguro es el mismo en todo el país.

GASOLINA. En las estaciones de gasolina es conveniente quedarse junto a su coche mientras llenan el depósito de la gasolina. Toda la gasolina en México es marca PEMEX y hay dos tipos: PEMEX NOVA, de 81 octanos y PEMEX EXTRA, de 94 octanos.

SEGURIDAD ANTE TODO. Es conveniente llevar el dinero en cheques de viaje, que se pueden cambiar fácilmente en toda la República. Y no hay que olvidar ponerlos en un lugar seguro si los deja en el hotel al salir.

# Listening comprehension

Note-taking

Listen to Enrique Baeza welcoming a group of foreign businessmen to a conference in Mexico City. As you listen, fill in the chart below:

| Host | Activity | Place | Time |
|---|---|---|---|
| 1 | | | |
| 2 | | | |
| 3 | | | |
| 4 | | | |

# GRAMMATICAL INDEX

The numbers in bold type refer to Units, the others to sections within each Unit (see Grammar).

153

# VOCABULARY

A
a   to, at
abogado (m)   lawyer
abrir   to open
aceite de oliva (m)   olive oil
aceituna (f)   olive
acero (m)   steel
acordar   to agree
acordarse   to remember
acostarse   to go to bed
acta (f)   minutes, record
actitud (f)   attitude
actividad (f)   activity
actual   present
actualmente   at present, now
actuar   to work, to perform, to behave
acuerdo (m)   agreement
   de acuerdo   agreed, that's fine
   de acuerdo a   according to
   de acuerdo con   in accordance with
acusar recibo de   to acknowledge receipt of
además   moreover, besides
adiós   goodbye
adonde   where (to)
aduana (f)   customs
aeropuerto (m)   airport
afición (f)   interest, liking
afluencia (f)   number, inflow, influx
afueras (f pl) outskirts
agradable   pleasant
agradecer   to thank
agravarse   to worsen
agrícola   agricultural
ahora   now
ahorrar   to save
ahorro (m)   saving
aire (m)   air
aire acondicionado (m)   air conditioning
alberca (f) swimming pool (Méx.)
albergue juvenil (m)   youth hostel
alcance: estar al −   to be within reach
alcanzar   to reach, to achieve, to obtain
alemán (m) German

algo   something
algodón (m)   cotton
algún   some, any
alimento (m)   food
alimenticio   food
allí   there
almacén (m)   warehouse, store
almacenamiento (m)   storage
almacenar   to store
almorzar   to have lunch, to lunch
alojamiento (m)   lodging, accommodation
alquiler (m)   rent
alrededor de   around, about
alto   tall
alumno (m)   pupil, student
ama de casa (f)   homemaker
amabilidad (f)   kindness
amarillo   yellow
ambiente (m)   atmosphere
ambos   both
amigo (m)   friend
amplio   large, big, spacious, wide, extensive
analfabetismo (m)   illiteracy
ancho   wide
anchura (f)   width
andén (m)   platform
antelación (f)   precedence, priority
antiguo   old, senior, veteran
antipático   unpleasant
anunciar   to announce
año (m)   year
Año Nuevo (m)   New Year
año pasado (m)   last year
aparcamiento (m)   parking
aparcar   to park
apartado de correos (m)   post-box
apellido (m)   last name, family name
apoyar   to support, to back
aprovechar   to make good use of
aquel (adj)   that
aquél (pron)   that
aquello (pron neut)   that
aquí   here

155

argentino   Argentinian
armamentos (*m pl*)   armaments
arreglar   to fix, to arrange
arquitecto (*m*)   architect
artesanía (*f*)   handicraft
artículo (*m*)   article
asado   roast
ascensor (*m*)   elevator
aseo (*m*)   toilet
asesorar   to advise
asiento (*m*)   seat
asistir   to attend, to be present
asumir   to take over
atento   kind, polite
aumentar   to increase, to rise
aumento (*m*)   increase
aún   yet, still, as yet
aun   even
aunque   although, even though, if
ausencia (*f*)   absence
autocar (*m*)   coach
autopista (*f*)   highway
avanzado   advanced
avanzar   to advance
avenida (*f*)   avenue
avería (*f*)   breakdown
avión (*m*)   airplane
ayer   yesterday
ayudar   to help
azafata (*f*)   flight attendant
azúcar (*m/f*)   sugar
azul   blue

**B**
baile (*m*)   dance
bajo   short
balanza de pagos (*f*)   balance of payments
banco (*m*)   bank
barato   cheap
barco (*m*)   ship
barrio (*m*)   neighborhood
bastante   quite, enough
beber   to drink
bechamel (*f*)   bechamel sauce
Bélgica (*f*)   Belgium
bilingüe   bilingual
bocadillo (*m*)   sandwich
bolso (*m*)   handbag, pocket
bonito   pretty, nice
bordo: a —   on board
botones (*m pl*)   office boy, bell boy
británico   British
buenas noches   good evening, good night
buenas tardes   good afternoon

bueno   good, well
buenos días   good morning

**C**
caballo (*m*)   horse
caballero (*m*)   gentleman
cada   each, every
cada vez más   more and more
caducar   to lapse, to expire
caja (*f*)   box, cashier's desk
cajero (*m*)   cashier
calcetines (*m pl*)   socks
calefacción (*f*)   heating
calle (*f*)   street
calor (*m*)   heat
calzado (*m*)   footwear
cama (*f*)   bed
cambiar   to change
cambio (*m*)   change
  en cambio   on the other hand
camión (*m*)   truck
camisa (*f*)   shirt
campesino (*m*)   farm worker, laborer
campo (*m*)   country, field, stadium
cantina (*f*)   cafeteria
capital (*m*)   capital (commercial)
capital (*f*)   capital (city)
cargo (*m*)   job, position
carne (*f*)   meat
carnet de conducir (*m*)   driver's license
carrera (*f*)   career
carretera (*f*)   road
carta (*f*)   letter, menu, card
cartera (*f*)   briefcase, wallet
casa (*f*)   house, home, firm
  en casa   at home
casa de cambio (*f*)   bureau de change
casado   married
casi   almost
castellano (*m*)   Spanish (Castillian)
causa (*f*)   cause
  a causa de   on account of
causar   to cause, to create (impression)
cebada (*f*)   barley
cenar   to dine, to have supper
centeno (*m*)   rye
centro (*m*)   center, downtown
centro de convenciones   convention or
      conference center
cerca   near
cercano   near, close
cerdo (*m*)   pork
cerrar   to close
certificado   registered
cine (*m*)   movie theater

cita (f)   appointment
ciudad (f)   city, town
ciudadano (m)   citizen
clima (m)   climate
cobre (m)   copper
coche (m)   car, coach
cocina (f)   kitchen, cooking, cookery
colegio (m)   school
colocar   to place
comedor (m)   dining room
comer   to eat
como   as, how
  cómo no   of course
cómodo   comfortable
compañía mixta (f)   mixed company
complejo (m)   complex
con   with
concepto: en – de   by way of, as
conducir   to drive
confianza (f)   trust
  es de toda confianza   is a reliable person
conjunto   joint, group
conocer   to know, to meet
conservar   to keep
constituir   to constitute, to form, to make up
construir   to build
consumo (m)   consumption
contable (m)   accountant, bookkeeper
contabilidad (f)   accounting
contar   to count, to explain, to relate, to tell
  contar con   to rely on, to have
contenido (m)   contents
contento   happy
contra   against
convocatoria (f)   notice of meeting
      summons, call
copa (f)   drink
correo (m)   mail
Correos   Post Office
corriente   current, current month
cortés   courteous
corto   short
costar   to cost
costoso   expensive
crecimiento (m)   growth
creer   to think, to believe
cruzar   to cross
cuádruple   quadruple
cual   what, which
cualquier   any
cuando   when
cuanto   how much, how many
  cuanto antes   as soon as possible
  en cuanto   as soon as
  en cuanto a   as for, with regard to

cuarto de baño (m)   bathroom
cubrir   to cover
cuenta corriente (f)   current account
cuero (m)   leather
cumplir   to fulfil

CH
chaqueta (f)   jacket

D
dar   to give
de   from, of, in, about, by
debido a   due to
decidirse   to make up one's mind
decir   to say, to tell
  es decir   that is to say, or rather
dedicarse a   to devote oneself to, to work at
      or in, to go in for
dejar   to leave
delgado   slim, thin
dependiente (m)   clerk
deportes (m pl)   sport
derecho   right
  derecha (f)   right (politics)
  a la derecha   on the right, to the right
Derecho (m)   Law
derechos (m pl)   rights
desconfianza (f)   distrust, lack of confidence
desconocer   not to know
desconocido   unknown, stranger
descuento (m)   discount
desde   since, from
desear   to wish, to want
desempeñar   to perform, to hold
desempeñar el puesto   to fill/hold the post
deseo (m)   wish
después   afterwards
después de   after
detalle (m)   detail
devolver   to return, to give back
día (m)   day
  Día del Trabajo   Labor Day
diariamente   daily
difícil   difficult
dígame   hello (telephone)
dinero (m)   money
dirección (f)   address
dirigirse   to direct, to address, to go
disfrutar   to enjoy
disponer   to have available
disponible   available
distancia (f)   distance
distinto   different, various
diversión (f)   amusement
divertido   amusing
doblar   to turn, to double

doble   double
donde   where
dormir   to sleep
dormitorio (*m*)   bedroom
ducha (*f*)   shower
dudar   to doubt
durante   during
duro   hard, strong

# E

e   and
edad (*f*)   age
efectuar   to bring about, to carry out
ejemplar (*m*)   copy
ejemplo: por –   for example
él   he, him
el (*m*)   the
electrodomésticos (*m pl*)   household appliances
embargo: sin –   however
emigración (*f*)   emigration
emocionante   exciting
empezar   to begin, to start
empleado (*m*)   employee
emplear   to employ
empresa (*f*)   business, firm
en   in, at, by, on
encantado   how do you do, pleased to meet you
encontrarse   to meet, to find, to be situated, to be located
enfermera (*f*)   nurse
enfrente de   opposite, facing
enseñanza (*f*)   education
entrada (*f*)   entrance, entry fee
entrar   to enter
entre   between
entrega (*f*)   delivery
entregar   to hand over
entrevista (*f*)   interview
entrevistar   to interview
enviar   to send
época (*f*)   time, period
equipo (*m*)   outfit, team
escala (*f*)   scale
escribir   to write
escritorio (*m*)   desk, office
escuchar   to listen
esperar   to wait, to hope, to expect
espinacas (*f*)   spinach
español   Spanish
esparcimiento (*m*)   recreation
esposo (*m*)   husband
esquina (*f*)   corner
estación (*f*)   station

estacionamiento (*m*)   parking
estacionar   to park, to place, to station
estadísticas (*f pl*)   statistics
estado (*m*)   civil status, state
estado civil   marital status
estancia (*f*)   stay
estaño (*m*)   tin
estar   to be
este(a)   this
esto   this (*pron neut*)
estrecho   narrow
estudiante (*m/f*)   student
estudiar   to study
estupendo   wonderful, marvellous
exactamente   that's right
exigir   to demand, to require
existencias (*f pl*)   stock
expedir   to issue, to dispatch
explotar   to exploit, to tap
extranjero (*m*)   foreigner
   al extranjero   abroad

# F

fábrica (*f*)   factory
fabricar   to manufacture, to make
fácil   easy
facilitar   to provide, to facilitate
factura (*f*)   invoice, bill
facultad (*f*)   faculty
falta (*f*)   lack
   hacer falta   to be necessary
fecha (*f*)   date
ferrocarril (*m*)   railway
festivo   holiday
ficha (*f*)   token
fijar   to fix, to arrange
filial (*f*)   subsidiary, associated company
final (*m*)   end
   al final de   at the end of
finalidad (*f*)   purpose
firma (*f*)   firm, company, signature
firmar   to sign
flota (*f*)   fleet
formulario (*m*)   form
francés   French
frente (*m*)   front
   al frente de   in charge of
   frente a   as opposed to
frontera (*f*)   border, frontier
fuente (*f*)   source, fountain, serving dish
fuerte   strong

# G

ganar   to earn
gasto (*m*)   cost, expense
gente (*f*)   people

**gerente** (*m*)   manager
**gestionar**   to manage, to procure, to arrange
**gordo**   fat
**gozar**   to enjoy
**gracias** (*f pl*)   thank you, thanks
**grande**   big, large, great
**grato**   pleasing
   **me es muy grato**   it's a pleasure for me, I'm
      pleased to
**gris**   grey
**grueso**   thick, bulky
**guardería infantil** (*m*)   day-care center
**guarnición** (*f*)   garnish
**guisar**   to cook
**gustar**   to like, to please
**gusto** (*m*)   taste, liking

**H**
**habitación** (*f*)   room, bedroom
**habitante** (*m*)   inhabitant
**habla** (*f*)   language, speech
   **de habla española**   Spanish–speaking
**hablar**   to speak
**hacer**   to make, to do
**hacia**   towards
**hasta**   until, till, even, as far as
**hay**   there is, there are
**hecho** (*m*)   fact
**hermana** (*f*)   sister
**hermano** (*m*)   brother
**hija** (*f*)   daughter
**hijo** (*m*)   child, son
**hijos** (*m pl*)   children
**historial** (*m*)   curriculum vitae, record
   (dossier)
**hogar** (*m*)   home
**hola**   hello
**hombre** (*m*)   man
**hora** (*f*)   hour, time
**horario** (*m*)   timetable
**hoy**   today
**húmedo**   damp, humid

**I**
**idioma** (*m*)   language
**iglesia** (*f*)   church
**imagen** (*f*)   image
**impreso** (*m*)   form
   **rellenar un impreso**   to fill in a form
**impuesto** (*m*)   tax
**inclinarse**   to prefer
**indígena**   indigenous, Indian
**individual**   single
**industrializado**   industrialized
**infantil**   child

**ingeniero** (*m*)   engineer
**Inglaterra** (*f*)   England
**inglés**   English
**ingreso** (*m*)   income, revenue
**instalación** (*f*)   plant, installation
**instituto** (*m*)   secondary school
**integrado por**   made up of
**intérprete** (*m*)   interpreter
**interrumpir**   to interrupt
**inventario** (*m*)   inventory
**invierno** (*m*)   winter
**ir**   to go
**isla** (*f*)   island
**izquierdo**   left
   **izquierda** (*f*)   left (political)
   **a la izquierda**   to the left, on the left

**J**
**jamón** (*m*)   ham
**jardín** (*m*)   garden
**jefe** (*m*)   head, boss
**jefe de redacción** (*m*)   chief editor
**jornada** (*f*)   day
**joven**   young
**juego** (*m*)   game
**junta** (*f*)   board, meeting
**junto**   together
   **junto a**   near to, next to, close to

**L**
**la** (*f*)   the
**labor** (*f*)   labor, work, task
**lado** (*m*)   side
   **al lado**   next door
   **al lado de**   next to
**lamentar**   to regret
**largo**   long
   **a lo largo de**   alongside, all through (time)
      throughout
**lavar**   to wash
**leer**   to read
**lejos**   far
**lema** (*m*)   theme, motto
**lenguado** (*m*)   sole
**lento**   slow
**levantarse**   to get up, to rise
**libra** (*f*)   pound
   **libra esterlina**   pound sterling
**limpieza** (*f*)   cleaning, cleanliness
**línea** (*f*)   line
**litera** (*f*)   bunk, berth
**liviano**   light
**longitud** (*f*)   length
**luego**   later, then
**lugar** (*m*)   place

## Ll

llamada (f)   call
  llamada telefónica (f)   telephone call
llamado (m)   so-called
llamar   to call
  me llamo   my name is
llegada (f)   arrival
llegar   to arrive
llenar   to fill
llevar   to carry, to take, to wear (clothes)
  llevar tiempo haciendo algo   to have been
    doing something for some time


## M

madera (f)   wood
madrileño (m)   inhabitant of Madrid
maíz (m)   corn
maleta (f)   suitcase
mandar   to send, to order
manejar   to manage, to work, to operate; to
    drive (Latin Am)
manera (f)   way
mano (f)   hand
mantener   to maintain
manzana (f)   apple
mañana (f)   tomorrow
máquina fotográfica (f)   camera
máquina de escribir (f)   typewriter
marca (f)   make, brand
marido (m)   husband
marisco (m)   seafood
marrón   brown
más   more, most, else
  más que   more than
materias primas (f pl)   raw materials
matrícula (f)   registration
mayor   bigger, main, older
mayoría (f)   majority
me   me, to me
mecánico (m)   mechanic
mediados de   middle of
medianoche (f)   midnight
medidas (f pl)   measurements
medio (m)   method, middle, means, half,
    average
mediodía (m)   midday
mejor   better
mejorar   to improve, to get better
menor (m)   younger
menudo: a —   frequently, often
mercado (m)   market
merecer   to merit, to deserve, to be worthy of
merluza (f)   hake
mes (m)   month

mesa (f)   table, desk
mestizo (m)   mixed race
metálico   metal
metálico (m)   cash
mexicano   Mexican
mezcla (f)   mixture
mi   my
microcomputador (m)   microcomputer
mientras   while
millón (m)   million
minería (f)   mining
minuto (m)   minute
mirar   to look
mismo   same
mitad (f)   half
modales (m pl)   manners
modo (m)   way, means
moneda (f)   coin, money, change
montaña (f)   mountain
moreno   dark, brown
morir   to die
mostrar   to show
mucho   much, a lot
  mucho gusto   pleased to meet
    you, how do you do?
mueble (m)   piece of furniture
muebles (m pl)   furniture
muestrario (m)   range of products, samples
mujer (f)   woman, wife
multiplicar   to multiply
mundial   world
mundo (m)   world
música (f)   music
música ambiental (f)   piped music
muy   very
  muy a menudo   very often


## N

nacimiento (m)   birth
nacionalidad (f)   nationality
nada   nothing
  de nada   don't mention it
Navidad (f)   Christmas
naviero   shipping
negocio (m)   business
nevazón (f)   snowstorm
ningún, ninguno (m)   none
niño (m)   child
nitidez (f)   spotlessness, clarity
nivel (m)   level
noche (f)   night
nombrar   to appoint, to nominate
nombre (m)   name
nómina (f)   payroll
nor(d)este (m)   northeast

noroeste (*m*)　northwest
norteamericano　North American
nuestro　our
nuevo　new
número (*m*)　number
nunca　never

**O**

objetos perdidos (*m pl*)　lost property
obra en mi poder su carta　I have received
　　your letter
obtener　to obtain
ocupar　to occupy, to fill (post)
oferta (*f*)　tender, bid, offer
oficina (*f*)　office
ofrecer　to offer
oír　to hear, to listen
ojo (*m*)　eye
olivo (*m*)　olive tree
olvidar　to forget
opinar　to hold an opinion
ordenador (*m*)　computer
orgulloso　proud
oro (*m*)　gold
oscilar　to oscillate
otoño (*m*)　autumn
otro　other, another

**P**

padre (*m*)　father
padres (*m pl*)　parents
pagar　to pay
país (*m*)　country
　　país y ciudad de origen　country and city
　　　　of origin
　　País Vasco (*m*)　Basque Country
　　paisaje (*m*)　landscape, countryside
palabra (*f*)　word
pan (*m*)　bread
pantalla (*f*)　screen
pantalones (*m pl*)　trousers
papel (*m*)　paper
　　jugar un papel　to play a role
papelería (*f*)　stationery, stationery shop
parada (*f*)　stop
　　parada del autobús (*f*)　bus stop
para　for, towards, in order to, by
　　para que　in order that, so that
parecer(se) a　to seem, to look like, to
　　resemble
paro (*m*)　unemployment
parque (*m*)　park
parte (*f*)　part
　　¿de parte de quién?　Who shall I say?
partida (*f*)　departure
partir　to depart, to cut

a partir de　from, as from
pasajero (*m*)　passenger
pasar　to go in, to come in, to pass, to spend
　　(time), to happen
paseo (*m*)　walk
　　ir *or* salir de paseo　to go for a walk
patata (*f*)　potato
pedir　to ask, to order
peluquería (*f*)　hairdresser
pensar　to think
pequeño　small
perder　to lose
perdido　lost
periódico (*m*)　newspaper
periodista (*m f*)　journalist
permitir　to allow
pero　but
personal (*m*)　personnel
pertenecer　to belong
pesca (*f*)　fishing
peso (*m*)　weight
peso (*m*)　South American currency (e.g. Chile,
　　Mexico, Argentina)
pesquero　fishing
　　industria pesquera　fishing industry
petróleo (*m*)　oil
picadillo (*m*)　minced meat
pie (*m*)　foot
　　a pie　on foot
piel (*f*)　leather, skin
pintura (*f*)　painting, paint
piscina (*f*)　swimming pool
piso (*m*)　apartment, floor, story
pista (*f*)　court
plano (*m*)　plan
planta baja (*f*)　ground floor
plantel (*m*)　establishment, training workforce
　　establishment, nursery
plata (*f*)　silver
plátano (*m*)　banana
playa (*f*)　beach
plaza (*f*)　square, place
plenamente　completely, fully
población (*f*)　population, settlement, town or
　　city
poco　little, short time
poder　can, be able to
policía (*m*)　policeman
policía (*f*)　police force
póliza (*f*)　policy
por　for, by, through, in, along, per
　　por aquí　this way
　　por cien(to)　per cent
　　por ejemplo　for example
　　por favor　please

por la tarde   in the afternoon/evening
por la mañana   in the morning
por la noche   at night
**postal** (*f*)   postcard
**precio** (*m*)   price
**preferir**   to prefer
**prensa** (*f*)   press
**presencia** (*f*)   presence
tener buena presencia   to be presentable,
    smart
**presupuesto** (*m*)   budget
presupuesto familiar (*m*)   family budget
**primavera** (*f*)   spring (time)
**probar**   to try, to test
**procedencia** (*f*)   source, origin
**procedente de**   coming from
**profesión** (*f*)   profession
**profesor** (*m*)   teacher
**promedio** (*m*)   average
**propio**   own
**proporcionar**   to give, to provide, to supply
**próspero**   prosperous
**provenir**   to come from, to arise
    from, to stem from
**próximo**   next
más próximo   nearest
**publicidad** (*f*)   publicity
**pueblo** (*m*)   village, small town, people
**puente** (*m*)   bridge
**puerto** (*m*)   port
puerto franco (*m*)   free port
**pues sí**   well yes
**punto** (*m*)   point, dot
**puro** (*m*)   cigar

**Q**

**que** (*rel pron*)   what, that
¡Qué hay!   hello, how are you?
¡Qué tal!   hello, how are you?
**quedarse**   to stay
**querer**   to want, to wish, to love
**quien**   who
**química** (*f*)   chemistry
**químico** (*m*)   chemist, chemical

**R**

**ramo** (*m*)   branch
**rato** (*m*)   moment, while
**razón** (*f*)   reason
a razón de   because of, due to, at the rate
    of
en razón de   with regard to
tener razón   to be right
**realizar**   to carry out, to perform, to
    undertake

**rebaja** (*f*)   reduction
**recado** (*m*)   message
**recompensa** (*f*)   reward, compensation
**recorrido** (*m*)   run, journey
**recursos naturales** (*m pl*)   natural resources
**red** (*f*)   network, net
**referente**   concerning
**regalo** (*m*)   present
**registrar**   to register, to show, to record
**registro** (*m*)   register
**reglas del juego** (*f pl*)   rules of the game
**regresar**   to return
**regreso** (*m*)   return
**Reino Unido**   United Kingdom
**relieve** (*m*)   relief (geography)
**reloj** (*m*)   watch, clock
**remolacha** (*f*)   (sugar) beet
**reparar**   to repair
**representante** (*m*)   representative
**resolver**   to solve
**responder**   to answer
**restar**   to deduct, to take away, to subtract
**reunión** (*f*)   meeting
**reunirse**   to meet
**revista** (*f*)   magazine
**riesgo** (*m*)   risk
**riqueza** (*f*)   wealth, riches
**rogar**   to ask, to pray
**ropa** (*f*)   clothes
ropa interior (*f*)   under clothing
**rutinario**   routine

**S**

**saber**   to know
**sacar**   to take out, to get, to buy (tickets)
**sala** (*f*)   room, lounge, hall, sitting room
**salir**   to go out, to leave, to turn out, to prove
**salón** (*m*)   sitting room
**salud** (*f*)   health
**saludar**   to greet
**secretaria** (*f*)   secretary
secretaria de dirección   private secretary
**seguir**   to follow, to continue
**segundo**   second
**seguro** (*m*)   insurance
**sello** (*m*)   stamp
**semana** (*f*)   week
**señor** (*m*)   Mr, sir, gentleman
**señora** (*f*)   lady, wife, Mrs, madam
**señorita** (*f*)   young lady, Miss
**sentarse**   to sit down
**sentido común** (*m*)   common sense
**sentir**   to be sorry about
lo siento   I'm sorry

sentirse   to feel
  sentirse mal   to feel sick
sequedad (*f*)   dryness
ser   to be
servicios (*m pl*)   service industries, toilets
servir   to be useful, to serve
si   if, whether
sí   yes
siderurgia (*f*)   iron and steel industry
siderúrgica (*adj*)   iron and steel, iron and steel
  works
siempre   always
  siempre que   as long as
siéntese   sit down
siguiente   next, following
sin   without
sitio (*m*)   place
soberanía (*f*)   sovereignty
sobre   about, on, above
sobre (*m*)   envelope
sobrio   moderate
sol (*m*)   sun
solamente   only
soler   to be in the habit of, to usually
solicitar   to ask for, to apply for
solicitud (*f*)   application, petition
  solicitud de apertura (*f*)   application to
    open an account
solo   alone
sólo   only
solomillo (*m*)   sirloin
soltero   single, bachelor
sonar   to sound, to ring
su   your, his, her, its, their
suave   soft, light, smooth
subdesarrollo (*m*)   underdevelopment
sueldo (*m*)   salary
sumar   to add up
superación (*f*)   improvement, doing better
superficie (*f*)   surface, area
supermercado (*m*)   supermarket
suponer   to suppose, to assume
  supongo que sí   I suppose so

**T**
tabaquería (*f*)   tobacco shop (Méx)
tal   such
  tal como   such as
  ¿Qué tal?   how are you? What about ...?
tamaño (*m*)   size
también   also
tanto   so much, as many, so
  tanto A como B   both A and B
  un —   rather
tarde (*f*)   afternoon, evening

tasa (*f*)   rate, estimate, valuation
  tasa de mortalidad (*f*)   death rate
  tasa de nacimiento (*f*)   birth rate
tarjeta (*f*)   card
  tarjeta postal (*f*)   postcard
teclado (*m*)   keyboard
telefónica: compañía – (*f*)   telephone
  company
tener   to have
  tener – años   to be – years old
  tener lugar   to take place
  tener que   to have to
  tener derecho a   to be entitled to
terminar   to end, to finish
terraza (*f*)   balcony, terrace
terrestre (*adj*)   land, terrestrial
tiempo (*m*)   weather, time
tienda (*f*)   shop, tent
tintorería (*f*)   dry-cleaner
tipo (*m*)   kind, type, class
tocador: artículos de – (*m pl*)   toiletries
todo   everything, all, everyone
  Todos los Santos   All Saints' Day
tomar   to take, to drink, to eat
trabajar   to work
trabajador (*m*)   worker
trabajador   hard working
trabajo (*m*)   work, job, occupation
traducir   to translate
traductor (*m*)   translator
traer   to bring
tráigame   bring me
tráiganos   bring us
transbordar   to change (trains etc)
transbordo (*m*)   change (trains etc)
través: a – de   through, by means of
tren (*m*)   train
trigo (*m*)   wheat
tripulación (*f*)   crew
  tripulación auxiliar (*f*)   cabin crew
triunfo (*m*)   victory, triumph
turismo (*m*)   tourism
turista (*m*)   tourist
turístico   touristic

**U**
un   a, an, one
unir   to join
universidad (*f*)   university
unos   about, around
usted, Ud. (*Latin Am*), Vd.   you (*sing* polite
  form)

**V**
vacaciones (*f pl*)   holidays
vagones de ferrocarril (*m pl*)   railway carriages

valer   to be worth, to cost, to be good
vasco   Basque
veces (*f pl*)   times
  a veces   sometimes
  veces (dos, tres —)   twice, three times etc
velocidad (*f*)   speed, gear
vendedor (*m*)   salesman
venezolano   Venezuelan
venir   to come
venta (*f*)   sale
ventaja (*f*)   advantage
ver   to see
verano (*m*)   summer
verdad (*f*)   truth
¿verdad?   right?
verde   green
verdura (*f*)   green vegetable, green, greenery
vestido (*m*)   clothing, dress
vez (*f*)   time
  una vez   once
viajante (*m*)   traveler
viajar   to travel
viajero (*m*)   traveler
  cheque de viajero   traveler's check
vida (*f*)   life

viento (*m*)   wind
viento (hace —)   it's windy
viernes   Friday
Viernes Santo   Good Friday
vino (*m*)   wine
visado (*m*)   visa, permit
vista (*f*)   sight, view
vista (*f*)   view
  a la vista   at sight
vivienda (*f*)   accommodation, housing, house
vivir   to live
volver   to return
vuelo (*m*)   flight

## Y

y   and
ya   already
  ya no   not any longer
yacimiento (*m*)   deposit (mineral)
yo   I

## Z

zapato (*m*)   shoe
zona (*f*)   region, zone